PA
JACC
NI

CODE VAGNON DE LA VOILE

3. LE CATAMARAN

3e édition

Collection dirigée par Jacques Cathelineau

Les Editions du Plaisancier
43, Porte du Grand Lyon
NEYRON - 01707 MIRIBEL cedex
Tél. 04 72 01 58 68 - Fax 04 72 01 58 69

Le Code Vagnon, c'est aussi la Voile.

Ce troisième volume du Code Vagnon de la Voile consacré au catamaran de sport est un manuel pratique qui permettra au pratiquant autodidacte de s'initier, de se perfectionner, puis de découvrir les bases de la régate.

Cet ouvrage s'adresse tout autant aux stagiaires des clubs de voile et des « Écoles Françaises de Voile » ayant le label de la Fédération Française de Voile. En effet, ils trouveront là un complément efficace aux cours particuliers ou collectifs dispensés par leurs moniteurs qualifiés.

Les étapes « standard » utilisées dans l'ouvrage sont celles de la Fédération Française de Voile, dont la première version a été élaborée par un groupe national d'experts Catamaran animé par M. Bertrand Nardin, conseiller technique national de la Ligue de Voile de Bretagne et regroupant MM. et Mmes : Olivier Chaye, Jean-Pierre Lailic, Christian Longuet, Jean-Jacques Maison, Philippe Neiras, Christine Percher et François Ruby qui ont participé à la définition de ces étapes. Les auteurs tiennent ici à les remercier.

Crédits photographiques :

Les photographies de cet ouvrage ont été réalisées avec la collaboration d'Hobie-Cat Europe par © Jean-Yves Leroux et © Le service audiovisuel de l'École Nationale de Voile sur les indications des auteurs.

Crédits photographies de couverture : G. Klein (1re de couverture).
F. Salle (4e de couverture).

Crédits dessins : © Jacques Boutry

Les auteurs et l'éditeur tiennent aussi à remercier particulièrement M. Philippe Neiras, ex-entraîneur olympique catamaran, enseignant à l'École Nationale de Voile et son équipière, Géraldine Gustin, ainsi que Dominique Paris, directeur de « Carnac Location Loisir » pour s'être prêtés au jeu des prises de vues. Vous retrouverez :

Philippe et Géraldine sur HC 16 avec voile « easy » puis voile standard dans le chapitre « initiation ».

Dominique et Philippe sur HC 18 « Formula » dans le chapitre « Perfectionnement ».

ISBN N° 2-85725-339-7

SOMMAIRE

1. DÉCOUVREZ LE MATÉRIEL

SOMMAIRE

LES ENFANTS : HOBIE CAT 13

longueur :	*3,91 m*
largeur :	*2,13 m*
poids :	*82 kg*
surface de voile :	*10,10 m^2*

Petit catamaran de 13 pieds spécialement adapté aux enfants, en solitaire ou en double.

LE SOLITAIRE : HOBIE CAT 14

longueur :	*4,25 m*
largeur :	*2,34 m*
poids :	*109 kg*
surface de voile :	*10,96 m^2*
hauteur de mât :	*6,78 m*

Conçu pour un équipier adulte en solitaire, il peut néanmoins naviguer avec 2 équipiers à bord.

LE PLAISIR : HOBIE CAT 16

longueur :	*5,11 m*
largeur :	*2,41 m*
poids :	*145 kg*
surface de voile :	*20,26 m^2*
hauteur de mât :	*7,92 m*

Catamaran parmi les plus répandus, réputé pour sa robustesse et ses accélérations ; se manœuvre à deux équipiers.

LES RÉGATIERS : HOBIE CAT 18 FORMULA

longueur :	*5,49 m*
largeur :	*2,44 m*
poids :	*182 kg*
surface de voile :	*21,50 m^2*
spi :	*16 m^2*
hauteur de mât :	*9 m*

Le catamaran des mordus de compétition. Il offre de multiples possibilités de réglage et il est équipé d'un spinnaker. Il se manœuvre à deux équipiers.

1. DESCRIPTION ET CARACTÉRISTIQUES D'UN CATAMARAN

Ce chapitre est à consulter à l'aide du **rabat,** qui sert de support à une description détaillée d'un catamaran.

Chaque élément d'un bateau porte un nom. Ce n'est pas par snobisme, mais pour désigner rapidement et avec précision, ce qu'il convient d'utiliser ou de régler.

Par souci d'homogénéité, les mêmes numéros ont été utilisés :

- sur le rabat pour indiquer les positions des pièces d'accastillage,
- dans le texte (chiffres bleus).

Les coques

LES FORMES

Les coques sont de deux types :

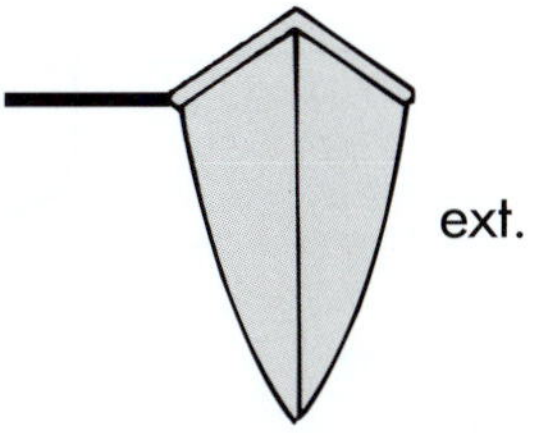

❑ **Symétrique (les plus répandues) :**

Ces coques ont en général un aileron intégré, ou reçoivent une **dérive** (19).

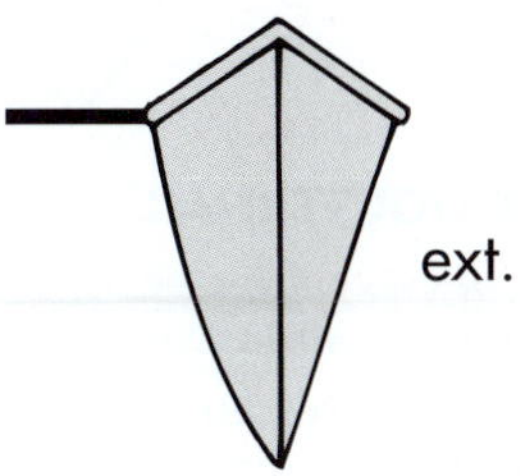

❑ **Asymétrique :**

La partie extérieure de la coque offre une surface plane qui fait office de « carre ». Elle permet d'avoir un plan anti-dérive efficace pour un tirant d'eau et une surface mouillée réduite.

LA STRUCTURE

Les coques sont construites en deux parties, coque proprement dite et pont assemblés au niveau du liston (33) constituant le plan de joint. Les matériaux utilisés sont couramment le polyester renforcé de fibre de verre laminé avec sandwich de mousse polyuréthane.

Les poutres, reliant les coques entre elles, sont en aluminium. Leurs points de fixation sont insérés dans les ponts.

Les appendices

LES DÉRIVES

Ces deux pièces profilées, en stratifié, viennent se loger verticalement dans le puits de dérive (42) de chacune des deux coques du catamaran.

Sabre

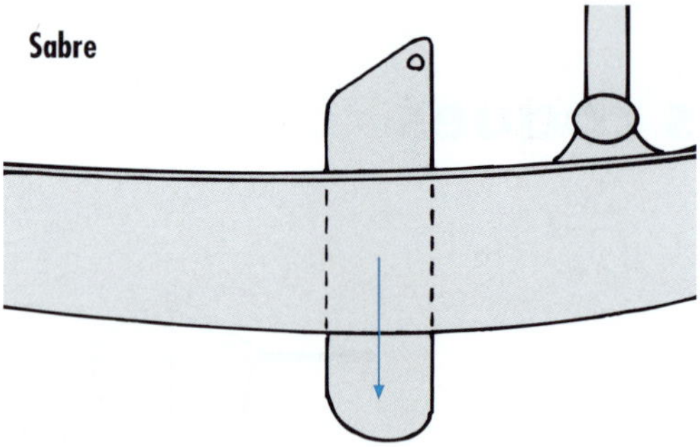

Pivotante

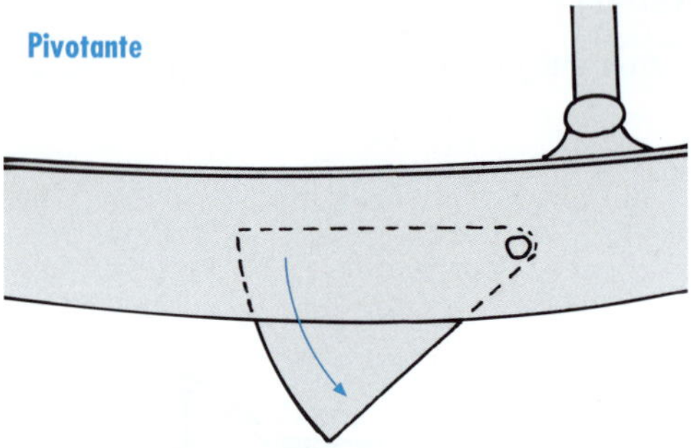

Le réglage de la dérive s'effectue manuellement et verticalement, dans le cas de la dérive sabre, ou par rotation, dans le cas de la dérive pivotante.

LE GOUVERNAIL

Il est composé de deux parties : la **tête de safran** (21) fixé au tableau arrière et la **lame de safran** (20) prenant appui sur l'eau.

La **barre** (22) est le bras de levier permettant de manœuvrer le gouvernail. Les deux barres sont reliées entre elles par la **barre de liaison** (37), sur laquelle vient se fixer le **stick** (40), longue rallonge articulée.

Le stick permet au barreur de se déplacer vers l'avant du trampoline ou de sortir au trapèze.

Comment descendre et remonter le safran ?

❑ Descendre le safran.

Soulever la barre, puis poussez-la vers l'arrière du bateau. Enfin, rabaissez-la.

❑ Remonter le safran.

Soulever la barre, puis tirez-la vers l'avant du bateau.

Si votre barre est dure :

❑ La compensation

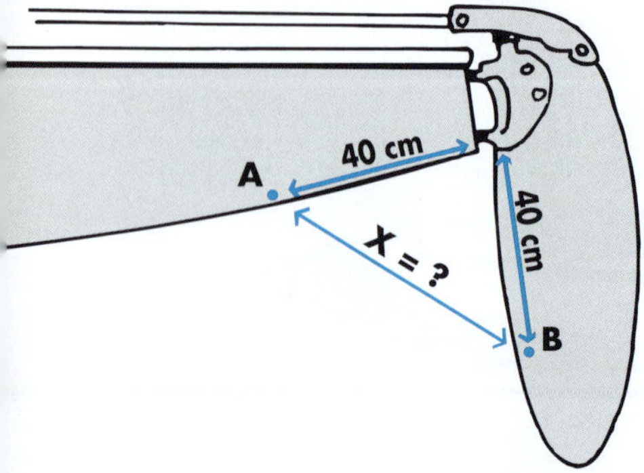

Vérifiez la **quête** de vos safrans.

Tracez le point A à 40 cm du tableau arrière et le point B à 40 cm du bord inférieur de la tête de safran.

Vérifiez que X est égal sur les deux safrans.

Plus votre gréement aura de quête, plus vous devrez « compenser » vos safrans vers l'avant du bateau.

❑ Le parallélisme

Vérifiez le parallélisme de vos safrans.

Remontez vos safrans.

Mesurez Y sur les barres au niveau du tableau arrière.

Mesurez Z à l'extrémité des safrans.

Si Z est différent de Y, réglez la longueur de la barre de liaison en utilisant la vis de réglage.

L'accastillage

Il comprend :

❑ Le palan de grand'voile, servant à régler la tension de chute, est fixé directement sur le chariot d'écoute permettant d'ouvrir et fermer le plan de voilure.

❑ Pour refaire votre palan de grand'voile :

1. Placez l'axe de poulie à 90°.
2. Suivez les chiffres et les flèches indiquées sur le dessin.

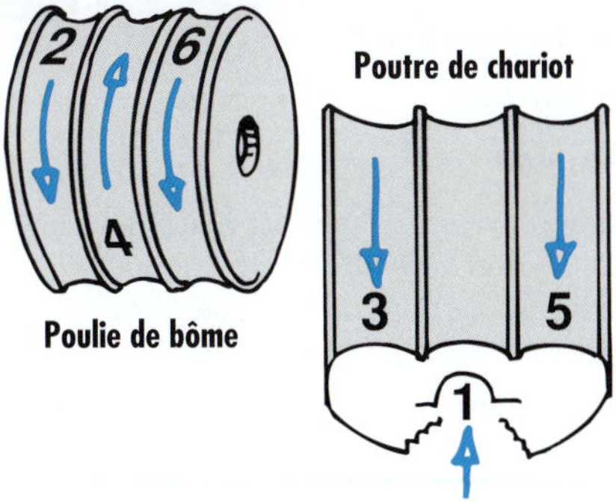

❑ L'écoute de foc est passée dans un filoir puis dans la poulie de point d'écoute. Elle est bloquée par un taquet-coinceur.

❑ Les fixations des haubans et de l'étai s'effectuent par **cadène** (35) et lattes **ridoir** (17).

Le gréement

LES ESPARS

❑ Le mât

Son rôle est de supporter toutes les voiles; il doit être suffisamment dimensionné pour résister aux efforts de compression et de flexion imposés par les voiles et l'équipage au trapèze. Il tourne sous l'effet de poussée de la bôme, permettant de profiler le bord d'attaque de la voile.

Sur certains catamarans de compétition, le tube est équipé d'un levier qui permet de contrôler cette rotation afin de jouer sur sa souplesse.

❑ La tête de mât et le hook

Nous distinguons la **tête de mât** (1), la **têtière de grand'voile** (2) ainsi que le **hook** (4).

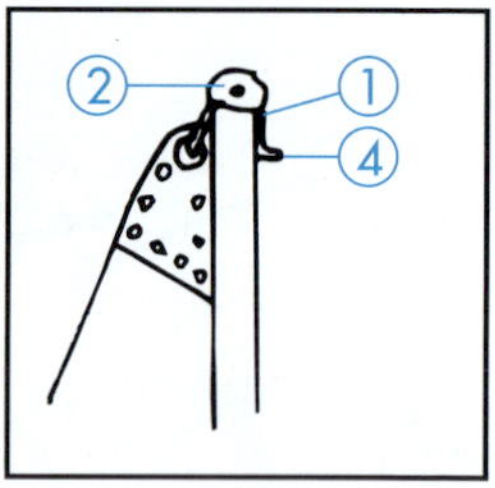

Le hook permet le blocage de la drisse de grand'voile par l'intermédiaire d'une bille sertie sur la drisse de grand'voile.

❑ Le capelage

C’est ici que sont fixés les haubans, l’étai et les trapèzes. Il faut serrer et assurer la manille qui maintient l’ensemble.

❑ Les barres de flèches (8)

Utilisées sur les mâts les plus longs, elles permettent de contrôler le cintrage du mât. Avec les câbles qu’elles tendent, elles constituent le **losange.**

❑ La bôme

La **bôme** (24) est reliée au mât par le **vît de mulet** (13).

❑ Les réglages de compétition

Nous ne traitons ici que des réglages de compétition car les notices de montage des constructeurs expliquent clairement la manière de procéder pour gréer.

Mais quand, sûr de vous, vous confrontez aux autres ou à vous-même en vous engageant dans la compétition ou dans le vent fort, votre catamaran doit être fin prêt et vous devez pouvoir maintenir son potentiel vitesse à son maximum, quel que soit le vent et à toutes les allures.

Dans ce type de temps, rien ne doit être laissé au hasard. Lors des compétitions cruciales, le bateau est vérifié chaque soir.

❑ Présentation générale

Le catamaran, par sa légèreté, son couple de rappel important, la finesse de ses carènes et son gréement latté est un engin très rapide et très nerveux. C'est aussi, par la conception même de sa structure, un engin souple, fragile et capricieux.

Avant de développer ce chapitre, il est donc important de rappeler quelques principes fondamentaux dans la préparation de votre bateau à la compétition :

- faites la chasse au poids et rendez votre engin étanche,
- vérifiez et renforcez la rigidité en supprimant les jeux de montage,
- vérifiez toutes les symétries, tous les parallélismes,
- enfin rédigez une « check-list » pour contrôler votre catamaran.

❑ Les voiles

Les voiles (et leur gréement) sont le moyen de propulsion du voilier. Elles assurent la même fonction que le moteur d'un bateau à moteur. L'attention doit donc se porter majoritairement sur celles-ci et tout particulièrement sur la **grand'voile** qui est la principale source de la vitesse.

• La grand'voile est réalisée en polyester apprêté et ses volumes sont réalisés en pinçant le tissu à chaque gousset de latte et en cintrant le guindant avant d'y coudre le bout de ralingue qui s'insère dans le rail de mât.

• Une voile à fort rond de guindant nécessitera un mât plus précintré par des barres de flèches fermées.

• Une voile plutôt creuse est puissante et fait du cap, une voile plate est plutôt faite pour la vitesse.

• A chaque grand'voile correspond un réglage de mât et du jeu de lattes (cf. réglages standards dans le tableau de la page 17).

Les lattes sont, avec le réglage de précintre du mât, un des seuls moyens efficaces d'action préalable sur la grand'voile. Celles-ci doivent être adaptées à la forme de la voile, à la force du vent et au poids de l'équipage.

• Les lattes doivent être tendues jusqu'à ce que les petits plis de la voile disparaissent, pas plus !

• La tension des lattes peut être mesurées sur une balance : on appuie sur le côté chute de la latte jusqu'à ce que la partie fine vienne tangenter la balance et on effectue la lecture en kilogramme.

• Plus le vent est fort, plus on met des lattes raides, notamment dans la partie haute de la voile.

Conseils :

• Des brins de laines (penons) placés dans le haut de la voile vers la troisième laize, sont fortement utiles pour régler la tension de la chute et par conséquent la vrille de votre voile.

• Notre tableau de mesure de vos lattes (page 17) vous renseigne sur l'homogénéité et la cohérence de votre jeu et vous permet de mieux choisir et plus vite.

❑ Le foc

Le foc est essentiel lors des manœuvres (voir chapitre virement de bord) mais, question vitesse vous pourriez presque vous en passer dans la brise !

Pour l'essentiel, le foc a pour rôle d'optimiser les performances, il s'agit donc de l'accorder à l'ensemble mât-voile-lattes.

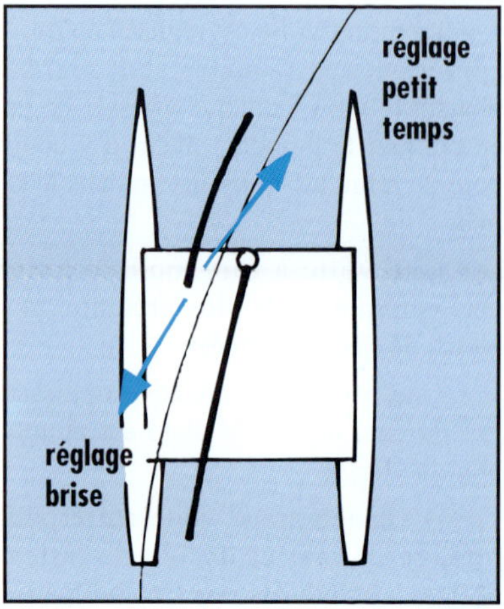

• Dans la brise, le fait de reculer les points d'écoute de foc aura pour effets d'aplatir le foc en laissant la chute respirer.

• Quand le vent monte, si la bateau vous semble bloqué, c'est le moment de sortir les points de tire de foc vers l'extérieur : le bateau se stabilise et tape moins dans la vague mais attention à ne pas perdre trop en cap.

• Trois paires de penons placés à différents niveaux du foc vous permettront d'apprécier sa vrille.

• Le spi est une des dernières trouvailles « des fans de vitesse » pour aller encore plus vite aux allures qui étaient jusque là plutôt reposantes (portants).

• Deux écoles s'opposent encore : les partisans des spis creux rapides au grand largue et les équipages favorables aux spis plats, meilleurs dans la brise et au largue serré.

• On peut choquer 20 à 40 cm de drisse quand on veut serrer plus facilement le vent (voir photo).

Contrairement à ce que l'on pourrait croire, le spi soulage le plus souvent les étraves. Mais attention, penser à l'affaler avant que le vent ne monte trop, sinon vous ne pourrez plus le faire sans risque d'« enfourner » (voir « le largue » dans la brise, page 60).

TABLEAU RÉCAPITULATIF DES RÉGLAGES

COMPÉTITION EN CATAMARAN DE SPORT

	Au près : 0 à 15 nœuds	Au près : 15 à 25 nœuds	Au largue : 0 à 15 nœuds	Au largue : 15 à 25 nœuds	Au largue serré
Tension câbles sur tensiomètre alu	100 kg	150 kg	100 kg	150 kg	idem près
Quête par rapport à la patte d'oie	20 cm à 5 cm devant la poutre arrière	de 5 cm devant à 5 cm derrière la poutre arrière	20 cm à 5 cm devant la poutre arrière	de 5 cm devant à 5 cm derrière la poutre arrière	idem près
Rotation du mât par rapport à 0° = l'axe longitudinal	sur la cadène = environ 60°	de 60° à 20°	au-delà de la poutre = 100°	au-delà de la poutre = 100°	un peu plus qu'au près
Précintre du mât par rapport à une cordelette tendue	25 à 35 mm	35 à 50 mm	25 à 35 mm	35 à 50 mm	idem près
Barres de flèche par rapport à la ralingue	25 mm	35 mm	25 mm	35 mm	idem près
Cunningham G.V.	rien, puis plus pour bateau vivant	maxi	rien	rien	rien, puis plus pour bateau vivant
Bordure G.V. flèche maxi	10 cm, puis rien	rien	30 à 40 cm	20 à 30 cm	20 cm à 0 si vent monte
Chariot G.V.	centre	centre, puis choqué de 20 cm	à la limite du trampoline	à la limite du trampoline	centre et choqué si vent monte
Lattes du haut N° 1, 2, 3	5 kg 3,5 kg 2 kg	8,5 kg 5 kg 3 kg	5 kg 3,5 kg 2 kg	8,5 kg 5 kg 3 kg	idem près
Latéral du foc par rapport à intérieur coque	40 cm, puis rien pour bateau vivant	20 cm à rien	40 cm, puis moins pour bateau vivant	20 cm à rien	de 40 cm à rien si vent monte
Longitudinal du foc, par rapport à la poutre avant	130 cm	145 cm	130 cm	145 cm	idem près
Barber de foc	rien	rien	maxi	choqué de 20 à 40 cm	suivant penons
Dérives	basses	basses	hautes	hautes	haute au vent

NOTA : Si les mesures fournies restent indicatives (ordre de grandeur), les principes généraux s'appliquent à tous les catamarans.

Test de contrôle

(solutions page 96)

1 La barre de liaison sert à :
- a. relier les coques ☐
- b. relier les safrans ☐
- c. rallonger les barres ☐

2 Les penons sont :
- a. des pièces du safran ☐
- b. des rubans pour indiquer le vent ☐
- c. des boucles du trapèze ☐

3 Le vît de mulet permet de :
- a. fixer le mât sur la poutre ☐
- b. fixer la bôme au mât ☐
- c. fixer la poutre avant sur les coques ☐

4 Le chariot d'écoute sert à :
- a. déplacer le palan d'écoute ☐
- b. creuser la voile ☐
- c. orienter la grand'voile par rapport au vent ☐

5 Les lattes-ridoirs servent à :
- a. assurer une meilleure rigidité aux coques ☐
- b. tendre les haubans ☐
- c. équilibrer les tensions dans une voile ☐

6 Les lattes servent à :
- a. ajuster le volume de la voile ☐
- b. régler la tension de chute de la voile ☐
- c. enlever les plis dans la voile ☐

7 Le mât tourne pour :
- a. moins forcer ☐
- b. tendre les haubans ☐
- c. profiler le bord d'attaque de la voile ☐

8 Régler la compensation des safrans, c'est régler leur hauteur :
- vrai ☐
- faux ☐

9 Le cunningham permet d'ajuster la tension de voile le long du mât :
- vrai ☐
- faux ☐

10 La bôme permet de modifier les réglages de grand'voile :
- vrai ☐
- faux ☐

Conduite du catamaran

Les deux prochains chapitres (initiation et perfectionnement) suivent les étapes des « standards » de la Fédération Française de Voile (F.F.Voile). Initialisée par C. Target (en planche à voile initiation), cette méthode a été reprise en catamaran par le groupe « B3 catamaran » de la F.F.Voile, sous la direction de Bertrand Nardin et affinée, complétée par les auteurs qui vous transmettent ici tout leur savoir-faire pédagogique (voir les conseils de lecture ci-après)..

QU'EST-CE QU'UN STANDARD ?

C'est une performance test qui vous permet d'apprécier vos progrès et de jalonner votre apprentissage, de manière concrète et facilement perceptible. Ces performances sont regroupées par niveau de difficulté. Chacun de ces niveaux correspond à une couleur de la F.F.Voile (blanc, jaune, orange, vert, bleu et violet), couleur que l'on retrouve (dans un carré) en haut à droite de chaque page.

Que ce soit en autodidacte ou avec l'aide des « moniteurs fédéraux » qualifiés par la F.F.Voile, les conseils, qui vous sont présentés, accompagneront vos progrès. Vous pouvez lire les chapitres correspondants à votre niveau à votre convenance après ou avant votre navigation.

Pour progresser rapidement, fixez-vous un objectif de progression à chaque sortie sur l'eau et bon vent !

CONSEILS DE LECTURE

Pour chaque standard, trois types de renseignements vous sont présentés :

❑ Le **but** à atteindre, c'est-à-dire ce que vous devez chercher à réaliser. Cette intention est parfois accompagnée d'exigences particulières **(critères de réussite)** que vous devez vous imposer.

❑ Les **actions** à réaliser sur les commandes du catamaran pour atteindre le but fixé précédemment.

❑ Les renseignements les plus précieux : les **repères** qui vous fournissent deux types d'informations indispensables à votre réussite, identifiables par leurs pictogrammes :

- les **repères visuels** (ce que vous devez regarder pour réussir).
- les **repères internes** (ce que vous devez chercher à ressentir pour réussir).

Ce chapitre est découpé en 10 parties. Chacune d'elles développe les conseils essentiels pour réussir la performance test standard correspondante.

Votre initiation se termine lorsque vous êtes capable de rejoindre n'importe quelle partie d'un plan d'eau et de revenir à votre point de départ avec une maîtrise suffisante pour ne pas avoir à parcourir de trajectoire inutile (cf standard n° 10 page 74).

Ce 1er niveau d'autonomie réalisé par un vent de force 2 maximum et mer plate vous situe au niveau orange F.F.Voile (A 1). Le même test réalisé par force 3-4 avec du clapot vous situe au niveau vert F.F.Voile

Les standards correspondant à une même couleur peuvent être réalisés dans l'ordre préconisé ou dans un ordre différent. Mais le passage d'un niveau de couleur au suivant suppose généralement l'acquisition des compétences requises pour réussir l'ensemble des standards qui précèdent. A l'exception toutefois du standard 9 qui peut être réalisé dès les premières navigations. Vous gagnerez ainsi en sécurité.

Le catamaran est un sport de glisse, de sensation et de plaisir. Ainsi, dans le petit temps, n'hésitez pas à explorer les limites d'équilibre de votre bateau et, ensuite, dans tous les temps.

2. INITIEZ-VOUS

Petit temps VENT Force 1-2 Eau Plate ou clapot		**CATAMARAN** **STANDARDS INITIATION** Production Groupe B3 catamaran		VENT Médium Force 3-4 Clapot
NIVEAU BLANC	☐	**1*** Gréer - dégréer - vérifier le matériel Maîtriser les procédures de départ sur l'eau et de retour à terre.	☐	NIVEAU VERT
	☐	**2*** Connaître la réglementation, s'équiper, se faire remorquer, s'arrêter à la cape.	☐	
		Redresser un catamaran chaviré et remonter à bord.	☐	
	☐	**3** Slalomer autour du vent de travers, tourner dos au vent et revenir au point de départ.	☐	
	☐	**4** Accélérer et ralentir à l'aide de l'écoute.	☐	
		Soulever et redescendre un flotteur avec l'écoute.	☐	
	☐	**5** Équilibrer le catamaran pour aller plus vite.	☐	
		Équilibrer pour éviter le chavirage.	☐	
NIVEAU JAUNE	☐	**6** Virer de bord face au vent. Diriger le catamaran qui recule.	☐	
	☐	**7** Ralentir et accélérer avec la barre. Remonter au vent sans arrêt (près).	☐	
NIVEAU ORANGE	☐	**8** Remonter au vent en 2 bords (louvoyer).	☐	
	☐	**9** S'arrêter à partir du près, du vent de travers et du vent arrière.	☐	
	☐	**10** PARCOURS-TEST NIVEAU « A1 » : Réaliser un parcours carré et récupérer un homme à la mer.	☐	

*Les standards 1 et 2 peuvent être réalisés progressivement jusqu'au niveau orange (notamment le redressage).

STANDARD 1 (1re partie) : GRÉER - DÉGRÉER - VÉRIFIER LE MATÉRIEL

But : Gréer le catamaran puis vérifier une dernière fois le bon fonctionnement des « commandes » du bateau (écoutes, système de gouvernail…).

❑ **Conditions de réussite :** placez le bateau face au vent (avant des flotteurs dans la direction d'où vient le vent) afin que la grand'voile ne puisse pas se gonfler pendant que vous la hissez.

❑ **Repères :**

Pour trouver la direction d'où vient le vent, observez les bateaux flottants à l'ancre, les pavillons, les fumées ou encore votre foc une fois hissé. Tous s'orientent approximativement dans la même direction : celle d'où vient le vent.

Pour que chacune de vos sorties soit un plaisir et ne puisse être interrompue par un problème matériel, pour votre sécurité surtout, faites le tour de votre bateau avant de le mettre à l'eau et vérifiez :

1. l'état général des coques et bouchons ;
2. la fermeture des trappes et bouchons ;
3. le bon fonctionnement des safrans : blocage, déblocage ;
4. l'état général de la barre de liaison, des fixations du stick, de l'articulation des barres ;
5. les axes et anneaux brisés des haubans et de l'étai ;
6. la fixation et l'état du bout de remorquage et ressalage ;
7. le réglage et l'usure des bouts de trapèze ;
8. la tension des lattes de grand'voile.

STANDARD 2 (1re partie) : S'ÉQUIPER - SE FAIRE REMORQUER

But : Assurer la sécurité de l'équipage par une bonne prévention et une maîtrise des conduites à tenir en cas de difficultés.

❑ S'équiper

• **en été :** protégez-vous des coups de soleil et des chocs thermiques au contact de l'eau (vêtements légers ou petite combinaison isothermique) et de la réverbération importante sur l'eau (lunettes de soleil).

• **en hiver :** protégez-vous du froid et de l'humidité (combinaison isothermique intégrale, éventuellement, chaussons, gants et cagoule isotherme).

• **en toutes saisons** : protégez vos pieds et vos mains des risques de blessures par choc ou par frottement des cordages et portez un gilet de sauvetage (obligatoire) et une ceinture de trapèze.

ÉTÉ

HIVER

❑ Se faire remorquer

Faire :

- préparer un « bout » de remorquage à poste fixe au pied du mât,
- reculer lors du remorquage pour ne pas enfourner,
- guider votre bateau en suivant le « remorqueur ».

Ne pas faire :

- attacher le « bout » de remorquage sur la « patte d'oie »,
- mettre vos doigts entre deux bateaux qui sont bord à bord,
- relever les safrans lors du remorquage,
- tomber dans l'eau à proximité du moteur lors de l'accrochage ou du décrochage.

❑ Pour remonter à bord en cas de chute :

Hissez-vous d'abord sur un flotteur puis sur le trampoline.

STANDARD 2 (2e partie) : REDRESSER UN CATAMARAN CHAVIRÉ

But :	Éviter de laisser le bateau se retourner complètement (« faire chapeau ») ou chavirer à nouveau lors du redressage.

1

VENT

❑ 1re phase : préparation du redressage

• Faites pivoter le catamaran pour le placer en travers du vent, mât au vent (le vent vous aidera ainsi par son action sur le trampoline).

2

VENT

• Répartissez-vous les rôles : le plus « costaud » le flotteur, l'autre en position « d'ancre flottante » pour maintenir le bateau en travers du vent,

• Faites passer le bout de redressage (martingale) par-dessus le flotteur supérieur.

👁 Vérifiez que les écoutes de voile ne soient pas bordées dans les « taquets-coinceurs » ! Et surtout, évitez de rester sur le mât comme sur la photo n° 2 car votre catamaran finirait par « chapeauter » (se retourner complètement).

3

❑ 2e phase : déclenchement du redressage

• Faites contrepoids en vous suspendant au bout de ressalage le plus à l'extérieur possible du flotteur supérieur (si besoin, faites-vous aider par votre équipier si vous êtes trop léger, comme sur la photo n° 3).

4

Choisissez le moment où le mât est en haut d'une vague pour tirer (cela sera plus facile).

VENT

5 VENT

❑ 3e phase : conduite et amortissement

Dès que vous sentez la traction diminuer (le catamaran va se redresser), placez-vous au milieu des deux flotteurs pour éviter de recevoir une coque sur la tête.

Prévenez votre équipier de faire contrepoids, sur la coque « au vent » ou en se suspendant à la martingale.

Au besoin, par vent fort, aidez-le en vous suspendant à la poutre avant, côté « au vent » (photo n° 5).

Aidez-vous l'un l'autre pour remonter à bord.

6

VENT

STANDARD 1 (2e partie) : MAÎTRISER LES PROCÉDURES DE DÉPART SUR L'EAU ET DE RETOUR A TERRE

But : Choisir la trajectoire en fonction de la direction du vent, puis partir, et revenir, sans risque de casse.

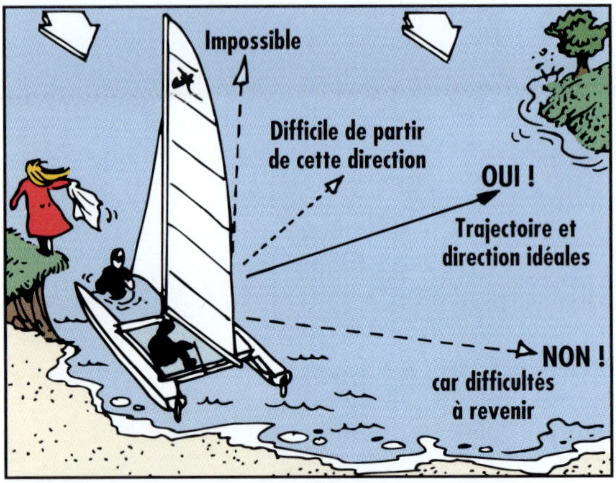

❑ Pour vous orienter

En voile, vous devez apprendre à vous orienter en fonction du vent. C'est le vent qui oriente l'espace topographique en autorisant certaines trajectoires et en interdisant d'autres (voir dessin et tableau récapitulatif des allures page 44). Pour faciliter vos premières glisses de catamaran, nous vous conseillons de réaliser des allers-retours en travers de la direction d'où vient le vent.

Habituez-vous, lors de vos premières sorties, à repérer la direction d'où vient le vent et à la vérifier régulièrement en cours de navigation.

❑ Pour partir sur l'eau (voir page 27)

Le catamaran est **porté** à l'eau (si possible sur remorque, sinon à bras).

❑ POUR REVENIR A LA PLAGE

- A l'approche de la plage, le barreur ralentit en lâchant la « grand'voile » et prépare le relevage des « safrans ».
- Puis, il reprend de la vitesse pour se rapprocher du bord.
- A faible hauteur d'eau et en tout cas avant de toucher le bord, l'équipage arrête le bateau en lâchant les voiles et en poussant la barre sous la voile (voir standard 9 page 42).
- L'équipier descend face au vent pour maintenir le catamaran.
- La grand'voile est affalée pour faciliter le partage sans prise au vent.

❑ **Pour partir sur l'eau** (suite)

L'équipier maintient le catamaran par l'avant (il s'oriente alors naturellement « face au vent »).

VENT ⇨

Le barreur ramène la remorque (s'il y a lieu) puis monte sur le trampoline pour commencer à descendre les « safrans » et s'installer à la barre.

VENT ⇨

L'équipier oriente le catamaran au vent de travers avant de monter à bord à son tour.

VENT ⇨

Le barreur vérifie à nouveau la position des safrans dès qu'il y a suffisamment d'eau pour les baisser complètement.

C'est parti !

STANDARD 3 (1re partie) : SLALOMER AUTOUR DU VENT DE TRAVERS

But : Apprendre à tourner sans regarder la barre (afin d'utiliser le regard pour s'orienter sur l'eau).

❑ Conditions de réussite :

Votre catamaran ne peut répondre à vos actions sur la « barre » (commande de manœuvre des « safrans ») s'il n'a pas de vitesse. Une fois votre bateau orienté « vent de travers », tirez le cordage (l'écoute) de la grand'voile jusqu'à obtenir une vitesse de déplacement suffisante et maintenez cette « écoute » bordée. Vous pouvez alors pousser puis tirer la « barre » pour en découvrir les effets.

Les 4 photos suivantes permettent d'observer les différents effets de vos actions sur la barre ; il importe que vous soyez sensible aux indicateurs de ces effets. Votre regard doit rapidement contrôler les effets de vos actions (regardez devant), sans avoir à contrôler directement le sens d'action sur la barre.

VENT ⇨

❑ Actions :

Si vous placez la barre au centre, votre voilier se maintient sur sa direction.

❑ Repères :

👁 La barre ne « force » pas entre vos mains, vos coques franchissent les vaguelettes avec un angle d'incidence constant.

❑ Actions :

Si vous poussez la barre sous la voile, votre voilier tourne vers le vent.

❑ Repères :

👁 La barre durcit entre vos mains et vos flotteurs s'orientent de plus en plus face aux vagues.

❑ Principes pour diriger un catamaran :

La barre sous la voile fait « lofer » (se rapprocher de la direction du vent).

La barre à l'opposé fait « abattre » (s'écarter de la direction du vent).

VENT

❑ Actions :

Si vous tirez la barre à l'opposé de la voile, votre voilier s'écarte du vent.

❑ Repères :

La barre durcit entre vos mains et vos coques s'orientent de plus en plus dans le sens des vagues.

VENT

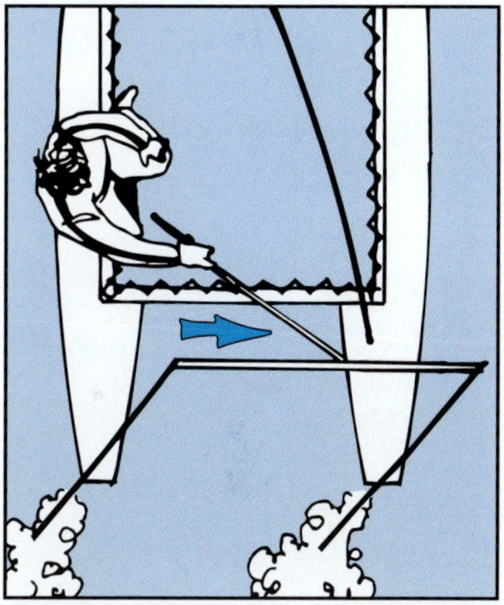

❑ Actions :

Si vous poussez brusquement la barre à fond (au maximum du possible), votre voilier ne tourne plus, il est freiné par les « safrans » qui sont ainsi placés en travers de la direction de déplacement du bateau.

❑ Repères :

La barre devient très dure entre vos mains et votre direction ne varie pratiquement pas (au-delà de 45° d'incidence, l'efficacité des safrans diminue).

STANDARD 3 (2e partie) : TOURNER DOS AU VENT ET REVENIR AU POINT DE DÉPART

But : Faire demi-tour dos au vent (« empannage ») pour que le catamaran reste propulsif durant la manœuvre, et reprendre dès que possible la direction du retour.

❏ Conditions de réussite :

Vous devez repérer la direction d'où vient le vent pour déterminer le sens de votre rotation.

Le demi-tour par empannage peut être analysé en trois phases :

Phase 1 :
Déclenchement de la manœuvre

❏ Actions :

Écartez-vous de la direction du vent en abattant (voir pages précédentes).

❏ Repères :

👁 Regardez derrière vous pour récupérer la future direction à l'aide d'un point précis remarquable sur la côte.

👁 Avant de déclencher votre manœuvre, vérifiez que vous ne risquez pas de rencontrer un obstacle (fixe ou mobile) sur votre trajectoire de rotation.

Phase 2 : (photos 2 et 3)
Conduite de l'empannage ②

❏ Actions ② et ③ :

Lorsque votre catamaran dépasse l'axe du vent, saisissez à pleines mains le palan d'écoute de grand'voile pour faire coulisser le chariot. Pour cela, faites passer votre « stick » par l'arrière du catamaran et allez vous asseoir sur le flotteur opposé à la voile.

❑ Principes de conduite d'un empannage :

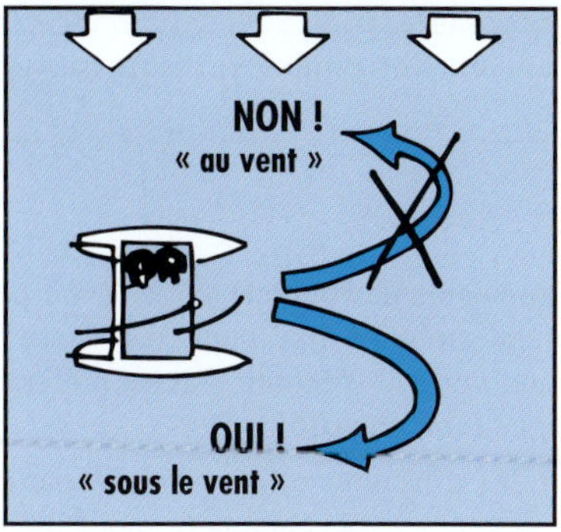

C'est une manœuvre qui s'effectue en s'écartant du vent pour franchir le « lit du vent ».

Les voiles étant toujours gonflées, il convient de diriger le catamaran durant toute la manœuvre et de s'orienter en permanence pour savoir à quel moment arrêter la rotation du voilier et conserver la direction du retour.

③

❑ Repères ② et ③ :

👁 Le catamaran est dans l'axe du vent lorsqu'il a une trajectoire parallèle au déplacement des vaguelettes.

Phase 3 :
Reprise de trajectoire

❑ Actions :

Maintenez la rotation du catamaran jusqu'à viser le point de retour, puis conservez cette direction (approximativement « vent de travers »).

❑ Repères :

👁 Dès que possible, après avoir changé de côté, cherchez du regard le point de retour.
👁 Alignez l'étrave de la coque au vent et le point visé sur la côte, en étant assis à l'aplomb de cette coque.

STANDARD 4 : RALENTIR ET ACCÉLÉRER A L'AIDE DE L'ÉCOUTE

But : Maîtriser la vitesse du catamaran, en anticipant sur son inertie d'accélération et de décélération.

❑ Conditions de réussite :

Parce que la barre a aussi des effets sur la propulsion de votre catamaran (voir page 38), il convient de maintenir le voilier dans une direction fixe pour bien sentir les effets de nos actions sur les commandes de grand'voile : « l'écoute ». Il est préférable que cette direction soit celle du « vent de travers » (voir page 26).

L'observation des photos suivantes illustre les différents effets produits par vos actions sur « l'écoute » de grand'voile. Vous devez pouvoir apprendre rapidement à sentir ces effets sans regarder ce qui se passe.

VENT

❑ Actions :

Si vous relâchez totalement « l'écoute », la voile reste en partie gonflée et le catamaran avance à petite vitesse. Pour vous arrêter complètement, reportez-vous à la page 42 (standard 9).

❑ Repères :

Les actions sur la barre provoquent des effets réduits puis nuls sur la direction dès que le bateau est arrêté.

VENT

❑ Actions :

Si vous « bordez » (tirer sur « l'écoute »), la voile se ferme et fait écran au vent, le catamaran accélère.

❑ Repères :

La traction de « l'écoute » dans votre main s'accroît, la barre durcit dans votre main ; le rythme des bruits de vagues contre les coques s'accélère.

Le vent s'accélère sur votre visage (et selon la force du vent, le flotteur « au vent » se soulève).

❑ Principes pour propulser un catamaran :

- Tirer « l'écoute » (« border ») fait gonfler la voile, donc accélérer le bateau,
- Lâcher « l'écoute » (« choquer ») fait dégonfler la voile, donc ralentir le bateau.

Le « bon » réglage de voile :

- Dans le petit temps : observez les « penons » sur la fenêtre du foc ; vous devez border progressivement jusqu'à les faire monter tous les deux à 45° au-dessus de l'horizontal et ne plus en voir qu'un seul.
- Dans le vent médium : fiez-vous à la vitesse du catamaran (tant qu'il accélère, vous bordez ; s'il ralentit, choquez un peu pour le faire accélérer à nouveau).

VENT

❑ Actions :

Si vous « choquez » (relâcher « l'écoute »), la voile s'ouvre et fait moins écran au vent ; le catamaran ralentit.

❑ Repères :

La traction de « l'écoute » diminue, la barre devient plus molle, le rythme des chocs coques-vagues diminue (et selon la force du vent, le flotteur « au vent » redescend).

VENT

❑ Actions :

Si vous « bordez » au maximum, la voile fait un écran perpendiculaire au vent ; le catamaran arrête d'avancer et dérape sur le côté.

❑ Repères :

La traction de « l'écoute » est forte mais les autres repères (bruit, vent) ont disparu. Les actions sur la barre deviennent inefficaces.

STANDARD 5 : ÉQUILIBRER LE CATAMARAN POUR ALLER PLUS VITE ET POUR ÉVITER LE CHAVIRAGE

Deux cas de figures sont à considérer :

Dans le vent faible (niveau jaune ou blanc), la maîtrise des déplacements à bord vise d'abord à améliorer votre aisance sur le catamaran et ensuite à augmenter sa vitesse.

Dans le vent médium (niveau vert), la maîtrise de vos déplacements vise à compenser les déséquilibres produits par l'action du vent sur le voilier, donc à améliorer aussi sa vitesse.

DANS LE VENT FAIBLE

But : Maîtriser l'équilibre latéral et longitudinal du bateau pour lui imposer la position souhaitée.

❑ Actions :

Explorez les réactions du catamaran en vous déplaçant au maximum du déséquilibre sur ses extrémités. Si vous chutez, ne lâchez pas le bateau ou le « bout de redressage » pour pouvoir remonter à bord. (On ne rattrape pas un catamaran à la nage !).

DANS LE VENT MÉDIUM

But : Utiliser le déplacement pour compenser les déséquilibres longitudinaux et latéraux du catamaran.

Considérons tour à tour les deux situations typiques de déséquilibre du catamaran. (Pour les premières sorties au trapèze, il est indispensable que le barreur maintienne une direction fixe).

Lors d'une augmentation de l'intensité du vent (risée), la coque « au vent » du catamaran se soulève (« gîte »). Pour éviter le dessalage et conserver une vitesse optimale :

❑ Actions :

Équipier : accrochez-vous à l'arceau du trapèze; posez le pied avant contre le hauban; laissez-vous porter par le câble du trapèze puis repoussez-vous de la poutre du trampoline avec la main arrière puis la jambe arrière.

❑ Repères au trapèze :

👁 N'hésitez pas à vous asseoir dans votre ceinture de trapèze dont le câble doit toujours être tendu.

DANS LE VENT FAIBLE (suite)

❑ **Actions :**

Équilibrez le bateau pour aller plus vite en navigation.

❑ **Repères en latéral :**

👁 Enfoncez le flotteur « sous le vent » pour alléger le flotteur « au vent » jusqu'à ce qu'il effleure l'eau.

DANS LE VENT MÉDIUM (suite)

❑ **Actions :**

Barreur : si besoin, déplacez-vous vers l'extérieur (« au vent »), en plaçant vos pieds dans les sangles pour faire contrepoids avec l'équipier.

Au largue, le flotteur sous le vent a tendance à enfourner.

Ce passage sous l'eau entraîne le plus souvent un chavirage.

VENT

❑ **Repères en longitudinal :**

👁 Dégagez l'arrière en vous avançant pour obtenir la plus grande longueur de flottaison.

VENT

❑ **Actions :**

Reculez-vous au maximum pour faire contrepoids vers l'arrière.

❑ **Repères :**

👁 Aux allures portantes, dès force 3 ou plus, reculez-vous jusqu'à l'arrière du trampoline.

STANDARD 6 : VIRER DE BORD FACE AU VENT

But : Utiliser au mieux l'inertie du bateau pour franchir le « lit du vent » et savoir manœuvrer en « (re) culant » pour ne pas rester face au vent.

❑ Conditions de réussite :

Abordez cette manœuvre avec un maximum de vitesse et après être remonté progressivement « au plus près » du vent (en bordant les voiles et en poussant la barre sous la grand'voile, voir page 38 et 39).

❑ Nous pouvons décomposer le virement en 4 phases successives :

Phase 1 :
Déclenchement du virement

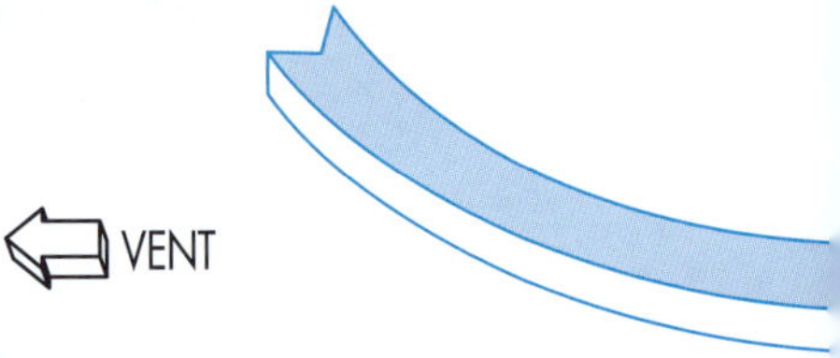

❑ Actions :

Lofez progressivement sans orienter les safrans au-delà de 45° de l'axe des flotteurs.

❑ Repères :

👁 Avant la manœuvre, vérifiez d'un coup d'œil que vous n'avez aucun obstacle sur votre trajectoire de rotation.

Phase 2 :
Conduite du virement

❑ Actions :

Maintenez le foc « à contre » pour faciliter la rotation.

❑ Repères :

👁 Observez la vitesse du catamaran sur sa trajectoire.

❑ Principes pour réussir un virement face au vent :

- Ne choquez pas la grand'voile avant de franchir l'axe du vent.
- Maintenez le foc bordé « à contre » pour faciliter la rotation une fois le catamaran ralenti.
- Choquez la grand'voile une fois dégonflée jusqu'à ce que le foc soit gonflé dans la nouvelle amure.

VENT

Phase 4 : Relance du catamaran sur la nouvelle amure

❑ Actions :

Redressez la barre, bordez le foc sur la nouvelle amure, puis la grand'voile.

❑ Repères :

👁 Attendez que le bateau soit au-delà de 45° de l'axe du vent pour border la grand'voile.

Phase 3 : Diriger à reculons si le bateau s'arrête face au vent

VENT

❑ Actions :

Si le bateau s'arrête, maintenez le foc à contre, redressez la barre, puis dès que le catamaran recule, inversez l'action sur la barre.

❑ Repères :

👁 Repérez le moment où le catamaran commence à reculer pour le diriger en marche arrière.

STANDARD 7 : REMONTER AU VENT SANS S'ARRÊTER (NAVIGUER AU PRÈS)

But : Découvrir le rôle de la barre sur la propulsion (au « près ») et percevoir de faibles variations de vitesse pour naviguer au plus près du vent.

Cette étape de votre progression va vous permettre de découvrir comment « gagner au vent », c'est-à-dire naviguer vers la direction d'où vient le vent.

❑ Conditions de réussite :

Découvrez le rôle de la barre sur la propulsion du catamaran, à partir du « vent de travers » (si « l'écoute » de voile n'est pas touchée). Ensuite, réglez vos voiles et vos placements sur le bateau pour ne plus conduire qu'avec la barre : foc et grand'voile « bordés » à l'aplomb du trampoline et barreur assis sur le flotteur « au vent » afin de pouvoir voir le foc.

❑ Principes de suivi du vent au près (initiation) :

En lofant, vous remontez plus dans le vent, mais votre catamaran ralentit.

En abattant, votre catamaran accélère mais vous remontez moins au vent.

Faire du « près », c'est rechercher constamment le **meilleur compromis** entre remonter au vent (on dit « faire du cap ») et maintenir une vitesse suffisante.

Faire du « près », c'est chercher l'angle optimum de remontée au vent. Cet angle se situe entre deux « bornes » limites à l'intérieur desquelles vous devez caler la trajectoire de votre catamaran.

❑ Recherche de la borne supérieure :

Lofez doucement jusqu'à percevoir le ralentissement de votre catamaran (👁).

Alors, cherchez la « borne inférieure » comme suit.

❑ Recherche de la borne inférieure :

Abattez très doucement jusqu'à sentir votre catamaran reprendre de la vitesse (👁).

Redressez enfin la barre pour conserver cette trajectoire.

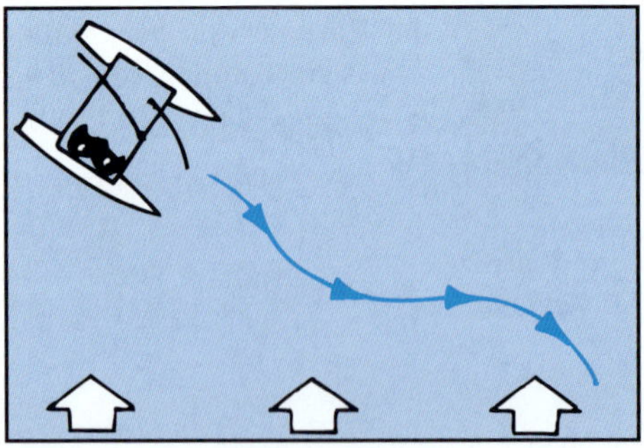

❑ Stabilisation de la trajectoire au près :

Au près, lofer ralentit le catamaran, abattre le fait accélérer.

Renouvelez l'opération deux à trois fois, puis progressivement maintenez votre trajectoire entre les deux bornes décrites.

❑ Repères :

👁 Vous faites route à un peu plus de 45° de la direction du vent.

Le lof fait ralentir

VENT

L'abattée fait accélérer

VENT

STANDARD 8 : REMONTER « AU VENT » EN DEUX BORDS OU PLUS (« LOUVOYER »)

But : Construire mentalement une route qui permette d'atteindre un point au vent (sans détour inutile).

C'est une étape importante de votre autonomie puisqu'elle va vous permettre de rejoindre un point situé dans la direction du vent (exemple : la bouée sur les photos ci-dessous).

❑ Conditions de réussite :

Régler les voiles de votre catamaran pour naviguer au près.

❑ Principe du louvoyage :

• Ne cherchez pas à rejoindre directement la zone visée sous peine de vous arrêter puis de reculer face au vent.

• Construisez un détour en utilisant l'allure du « près », et en cherchant à situer l'endroit où il devient possible de virer de bord (▲ sur les photos) pour atteindre la zone visée sur un seul bord de près.

❑ Pour aller de A à B :

En observant le schéma, vous comprenez qu'une navigation en suivant la trajectoire D arrêterait le catamaran orienté ainsi trop près du vent. A l'inverse, une trajectoire en C, si elle permet une plus grande vitesse sur la trajectoire, écarte par trop le voilier de son objectif B (on dit aussi « tirer des bords carrés »).

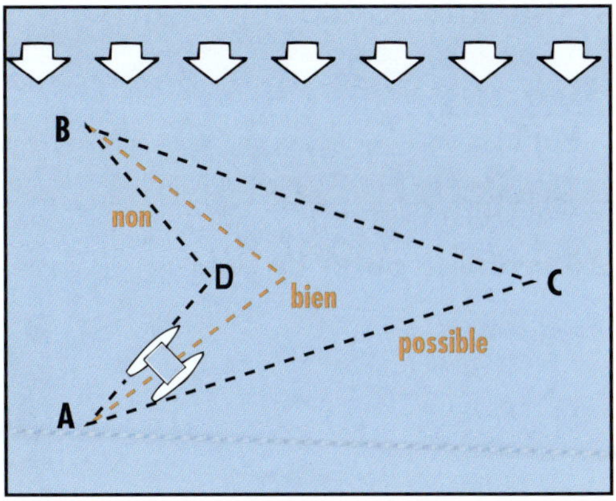

C'est pourquoi le louvoyage consiste à naviguer au près (comme expliqué pages 38 et 39) puis à trouver l'endroit du virement de bord à partir duquel il sera possible d'atteindre « B » en navigant au près sur l'autre « amure ».

❑ Repères :

Cet endroit se situe au moment où le barreur en se retournant, voit la bouée en arrière de l'axe imaginaire défini par le prolongement de la poutre arrière du catamaran.

STANDARD 9 : S'ARRÊTER A PARTIR DE TOUTES LES ALLURES

But : Pouvoir s'arrêter à tout moment pour éviter un abordage (ou un obstacle) ou récupérer un objet flottant (ou un équipier).

❑ S'arrêter à partir du près

Vous naviguez « au près » : voiles bordées sur le trampoline (à l'intérieur des flotteurs) et trajectoire autour de 50° de l'axe du vent (voir Standard 7 page 38).

Pour vous arrêter instantanément, choquez les voiles puis poussez la barre pour amener le catamaran plus dans l'axe du vent.

❑ S'arrêter à partir du vent de travers

Vous naviguez « vent de travers », trajectoire perpendiculaire au vent, plans de grand'voile relâchés aux environs de l'aplomb de l'arrière du flotteur « sous le vent ».

Pour vous arrêter, lofez en choquant complètement les deux voiles (lâchant les écoutes) : vous obtiendrez un arrêt quasi instantané.

❑ S'arrêter à partir du « vent arrière »

Vous êtes « vent arrière » : voiles relâchées au maximum sous le vent (plan de voilure orienté perpendiculairement aux flotteurs), le vent pousse votre catamaran par l'arrière.

Pour vous arrêter, lofez jusqu'à laisser venir le catamaran dans le lit du vent (prévoyez un rayon de rotation suffisant).

❑ Démarrer après un arrêt

Pour repartir, procédez comme nous vous l'avions indiqué lors du virement de bord (Standard 7 page 38).

Bordez une voile à contre.

Orientez les safrans dans la direction où vous souhaitez que s'oriente l'arrière des flotteurs.

Une fois le catamaran orienté comme vous l'attendiez (flotteurs à 50° du vent), redressez la barre, bordez le foc puis la grand'voile.

VENT ⇨

STANDARD 10 : PARCOURS TEST DE NIVEAU ORANGE (« A1 » F.F.V.)

Voici un exemple de parcours-test de fin de niveau orange (si vous réalisez ce parcours jusqu'à force 2) ou de niveau vert (réalisé par force 3-4). Votre réussite à un tel test prouvera que vous avez intégré l'ensemble des savoir-faire présenté dans les pages précédentes (initiation).

❑ Contenu du test « A 1 catamaran » :

Le départ s'effectue en A. Vous devez rejoindre un point au vent (bouée ou bateau à l'ancre) puis naviguer environ 400 à 500 mètres au travers sans repère (pas de bouée à atteindre). Une abattée précède le bord de vent arrière sur lequel vous réalisez un empannage. Il vous revient alors de choisir le moment de lofer pour revenir au vent de travers vers la bouée de départ, puis vous devez vous arrêter à l'endroit précis de votre départ (en A), sans dépasser la bouée.

D'autres variantes de ce test peuvent vous être proposées par votre « moniteur fédéral ». Elles feront appel à des compétences et à des critères de réussite équivalents.

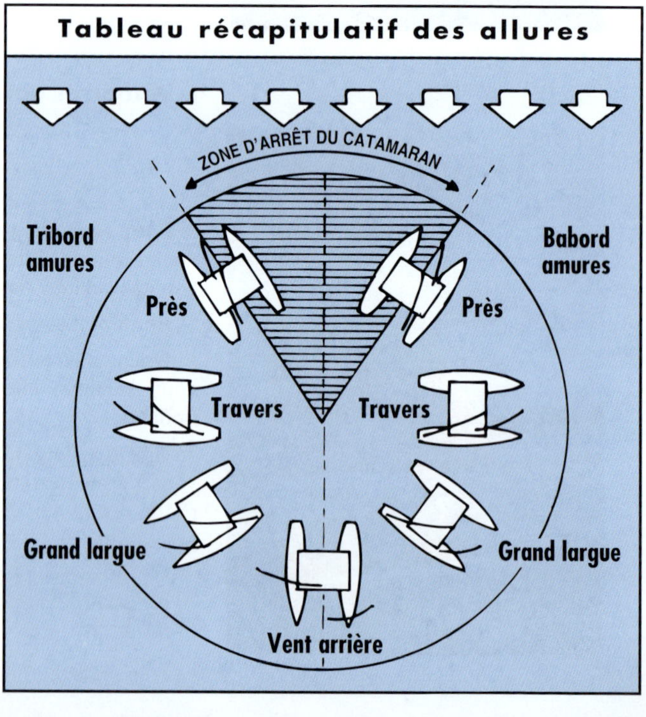

Test de contrôle de 1er niveau d'autonomie « A1 » F.F.V. (solution page 96)

vrai faux

1. En catamaran, on peut revenir à pleine vitesse vers la plage pour s'arrêter sans risque une fois sur la plage. ☐ ☐

2. Parce que le catamaran est un voilier plus rapide que les dériveurs, la réglementation maritime autorise à s'éloigner jusqu'à 3 milles au large contre 2 milles seulement pour les dériveurs. ☐ ☐

3. Lorsqu'un catamaran est chaviré avec une coque en l'air, on peut le lâcher pour le contourner en nageant et se placer du bon côté. ☐ ☐

4. Pour loffer, il faut :
   a. Tirer progressivement la barre vers la coque « au vent » .... ☐
   b. Pousser progressivement la barre sous la voile .... ☐
   c. Tirer fermement la barre à fond vers la coque « au vent » .... ☐
   d. Pousser fermement la barre à fond sous la voile .... ☐

5. Pour accélérer, il faut :
   a. « Border » la voile à la limite de fasseyement .... ☐
   b. Pagayer avec la barre .... ☐
   c. « Border » la voile au maximum .... ☐

6. Lorsque le vent force, le catamaran a plutôt tendance à :
   a. Enfoncer de l'avant et « gîter » .... ☐
   b. Enfoncer sa coque au vent .... ☐
   c. Alléger l'avant et « gîter » .... ☐
   d. Devenir plus mou à la barre .... ☐

7. Pour faciliter le virement de bord face au vent, il faut :
   a. Pousser la barre à fond sous la voile .... ☐
   b. Choquer la voile dès le début de la manœuvre .... ☐
   c. Garder un peu le foc bordé à contre .... ☐
   d. Maintenir les deux coques bien à plat .... ☐

vrai faux

8. Pour naviguer au « près », il faut constamment être attentif aux moindres accélérations et décélérations du bateau. ☐ ☐

9. Pour atteindre une zone située au vent en deux bords de près, il faut virer de bord précisément au moment où cette zone est visible par le travers du voilier. ☐ ☐

10. Pour écarter le bateau de l'axe du vent lorsqu'il est arrêté face au vent, il convient de toujours manœuvrer la barre du même côté que la voile poussée à contre. ☐ ☐

Vous avez atteint un premier niveau d'autonomie. Vous savez utiliser les commandes de votre catamaran pour vous diriger, ralentir ou accélérer en toute sécurité. Il vous faut maintenant, pour arriver à une maîtrise complète de votre bateau, utiliser ces commandes dans des situations plus contraignantes.

Les standards qui suivent vous présentent des situations qui vous permettront d'acquérir une autonomie de pratique totale, c'est-à-dire de naviguer en ne comptant que sur vous-même (standard 1), et d'avoir avec votre catamaran les plus grandes sensations de vitesse possible (standard 3, 4, 5 et 6). Le standard 7 présente la maîtrise d'un nouvel outil pour aller vite : le spinnaker. Les standards 8 et 9 vous permettront d'avoir une meilleure utilisation du vent et du plan d'eau. Le standard 10 présente le test de niveau de perfectionnement qui permettra de contrôler vos acquis. Ce test situe le niveau de pratique minimum pour devenir moniteur fédéral.

Les standards sont classés par thèmes de navigation, l'ordre d'acquisition n'est pas imposé. Cependant il nous paraît intéressant d'aborder les standards 3, 4, 5 et 6 dans l'ordre car les compétences développées dans chacun de ces standards sont utiles à l'acquisition du standard suivant.

3. PERFECTIONNEZ-VOUS

Petit temps VENT Force 1-3 Mer plate		**CATAMARAN -STANDARDS PERFECTIONNEMENT** Production Groupe B3 catamaran		VENT Médium Force 4-6 Clapot
NIVEAU BLEU	☐	**1 SÉCURITÉ :** Redresser un catamaran à l'envers « chapeau ». Récupérer un « homme à la mer ».	☐	**NIVEAU VIOLET**
	☐	**2 ARRÊT :** Se maintenir 15 secondes à hauteur d'une bouée. Repartir.	☐	
	☐	**3 CONDUITE :** Sortir et rentrer au trapèze sans perturber les commandes.	☐	
	☐	**4 PRÈS BON PLEIN :** Maintenir une coque à « fleur d'eau ».	☐	
	☐	**5 VIRER DE BORD :** Sans s'arrêter.	☐	
	☐	**6 LARGUE :** Contôler l'assiette latérale et longitudinale et régler sa voile en fonction des variations de vitesse.	☐	
	☐	**7 MANŒUVRER SOUS SPI :** Envoyer, affaler un spi, empanner sous spi.	☐	
	☐	**8 PORTANT :** Rechercher un bon compromis distance-vitesse (meilleur gain sous le vent).	☐	
	☐	**9 LOUVOYAGE :** Choisir la zone de remontée au vent la plus efficace.	☐	
	☐	**10 PARCOURS-TEST**	☐	

STANDARD 1 (1re partie) – SÉCURITÉ : REDRESSER UN BATEAU À L'ENVERS : « CHAPEAU »

But : Etre autonome quelles que soient les conditions de vent et la situation.

❑ Conditions de réussite :

Lorsque votre catamaran est dans cette position, il présente une très grande stabilité d'équilibre et très peu de prise au vent. Votre objectif principal est d'inverser ces données. Il convient pour cela de procéder avec calme. Profitez de la stabilité du catamaran dans cette position pour reprendre vos esprits. Un bateau « chapeau » ne dérive pratiquement pas. Prenez votre temps avant de commencer le « redressage ».

❑ Principes pour redresser votre catamaran :

Utilisez le vent. Faites enfoncer l'arrière ou l'avant de la coque sous le vent, ce qui vous permettra de créer une prise au vent en dégageant progressivement la coque au vent et le trampoline. Le vent prenant appui sur ces surfaces augmente votre couple de redressement.

L'observation des photos de la page ci-contre illustre l'effet produit par vos déplacements et vos actions sur la plate-forme.

❑ Actions :

① Vérifiez si les écoutes sont choquées Prenez le bout de ressalage et passez-le autour du flotteur le plus au vent.

② Positionnez-vous le plus en arrière possible sur le flotteur sous le vent et tirez sur le bout de ressalage.

③ Vous vous déplacez vers l'avant du bateau en gardant le bout de ressalage en tension.

④ Le bateau est maintenant à plat sur l'eau. Maintenez votre traction sur le bout et procédez comme indiqué dans le standard 2 (page 24) du chapitre « Initiez-vous ».

❑ Repères :

① L'orientation des vaguelettes, des vagues et de la plate-forme.

② L'étrave au vent qui sort de l'eau. Le bateau qui s'enfonce sous vos pieds.

③ Le flotteur au vent qui sort de l'eau et le trampoline qui monte face à vous.

④ Le trampoline se dresse verticalement face à vous.

①

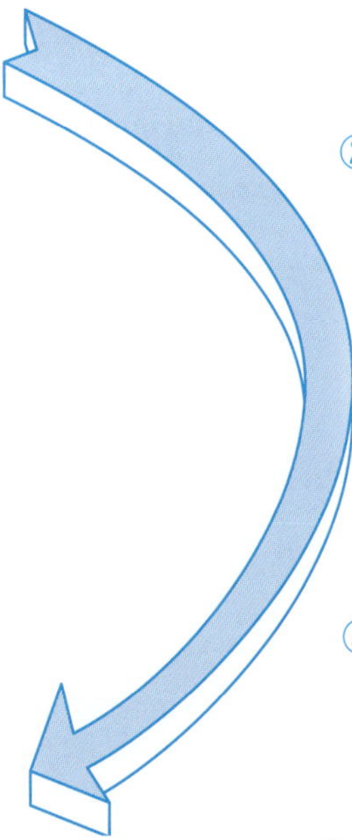

②

③

④

STANDARD 1 (2e partie) – SÉCURITÉ : RÉCUPÉRER UN « HOMME À LA MER »

But : Récupérer un équipier (ou votre barreur) ou venir en aide à une personne en difficulté.

❑ Conditions de réussite :

Si votre équipier tombe à l'eau : arrêtez en priorité votre catamaran et prenez le temps d'organiser la manœuvre à venir, en tenant compte du vent, de l'état de la mer et de la distance qui vous sépare de lui. Trop de précipitation risquerait de vous conduire au chavirage. Avoir à ressaler seul avec votre équipier qui surnage est une situation à éviter à tout prix.

Mettez les écoutes au clair.

Propulsez votre catamaran avec prudence.

Ne perdez pas votre équipier des yeux.

❑ Principes pour récupérer votre équipier

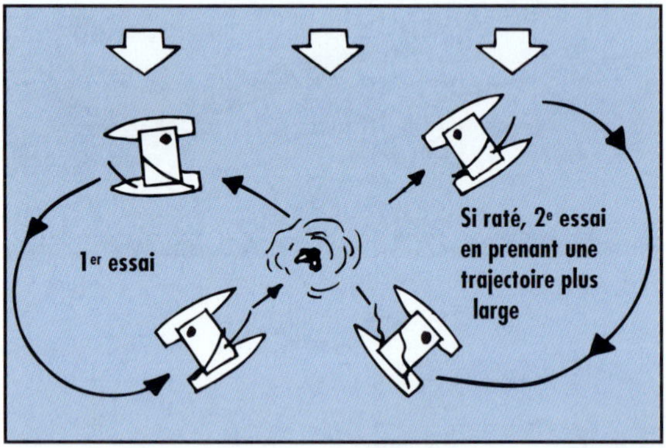

Dès que vous aurez arrêté votre bateau, repérez votre équipier, revenez vers lui en effectuant un empannage. Orientez-vous de façon à faire route vers lui au près serré au bon plein. Arrivez lentement sur lui en le situant entre les deux flotteurs.

Le dessin de la page 50 et les 3 photos suivantes illustrent les différentes phases pour récupérer un homme à la mer.

❑ **Actions**

Empannez sans le perdre de vue puis faites route vers lui au vent de travers ou au bon plein.

❑ **Repères**

Ajustez votre trajectoire pour placer votre équipier entre les deux flotteurs.

❑ **Actions**

Ralentissez à quelques mètres de lui puis arrêtez-vous lorsque vous serez à sa hauteur.

❑ **Repères**

Arrêtez-vous dès qu'il apparaît entre vos étraves.

❑ **Actions**

Pour l'aider à remonter à bord, soulagez-le en le soulevant par les sangles de la ceinture de trapèze au niveau des épaules.

❑ **Repères**

A réaliser côté au vent !

STANDARD 2 : ARRÊT - SE MAINTENIR 15 SECONDES À LA HAUTEUR D'UNE BOUÉE, REPARTIR

But : Maîtriser la propulsion du bateau pour se maintenir à proximité d'un point sans avancer ni dériver, puis en repartir aisément.

❑ Conditions de réussite :

Maintenez l'arrêt et soyez très attentif aux réactions du catamaran. Prenez des repères précis pour savoir si votre bateau ne dérive pas ou s'il n'a pas tendance à avancer ou à culer.

❑ Principes pour maintenir votre catamaran arrêté :

Vous vous arrêtez voile plate :

- Grand'voile et foc bordé à plat, en décrochement.
- Chariot d'écoute débordé.
- Barre sous le vent.

Cette méthode a l'avantage de préserver votre matériel (pas de foc qui claque, pas de latte qui casse) et permet un redémarrage rapide.

VENT

❑ Actions

Prenez un repère précis. Choquez votre chariot. Bordez vos écoutes pour que vos voiles soient le plus plat possible. Maintenez votre barre sous le vent.

❑ Repères

👁 Alignement chariot d'écoute, bout de poutre et bouée.

La barre est sans pression (molle).

Si le bateau avance :

❑ Actions

Vous reprenez du chariot sans choquer les écoutes, ne changez pas l'orientation de la barre. Le bateau se rapprochera aussi de l'axe du vent.

❑ Repères

La bouée passe en arrière de votre alignement chariot et bout de poutre.

La barre devient alternativement molle puis dure.

VENT

Si le bateau recule :

❑ Actions

Vous choquez légèrement les écoutes et reprenez du chariot tout en redressant votre barre.

❑ Repères

La bouée passe en avant de votre alignement.

La barre devient dure.

VENT

Pour repartir :

❑ Actions

Vous choquez le gréement, les écoutes et recentrez le chariot tout en mettant votre barre au vent.

❑ Repères

La traction sur la barre s'accroît progressivement, le vent s'accélère sur votre visage.

STANDARD 3 : CONDUITE – SORTIR ET RENTRER AU TRAPÈZE SANS PERTURBER LES COMMANDES (la conduite du catamaran)

But : Augmenter le potentiel du couple de rappel de l'équipage par la sortie du barreur au trapèze sans perturber la vitesse ni la trajectoire.

❑ Conditions de réussite :

Utilisez un trapèze bien réglé (longueur). Il ne doit pas vous gêner lorsque vous êtes assis. Il ne vous tire pas vers le haut et il doit vous soutenir dès que vos fesses sont à l'extérieur du trampoline. Faites des essais à terre et entraînez-vous même si la force du vent ne le nécessite pas. Conservez votre écoute au taquet.

❑ Principes pour rentrer et sortir au trapèze sans perturber les commandes :

Ne vous accrochez pas à la barre et à l'écoute, la pression de vos mains sur celles-ci doit se relâcher au moment où vous vous déplacez. Entraînez-vous à faire glisser votre barre dans votre main sans sortir.

L'observation des 4 vues suivantes illustre les différentes phases de sortie et de rentrée au trapèze.

Préparation :

❑ Actions

Accrochez la boucle sans vous lever. Sortez vos fesses du trampoline pour mettre le câble sous tension.

❑ Repères

👁 Sortez dès que le bateau « pousse » sous vos fesses (le bateau gîte).

Sortir :

❑ Actions

Poussez sur vos talons pour sortir votre corps puis prenez appui sur le liston avec vos pieds pour pouvoir étendre vos jambes. Laissez glisser la barre et l'écoute dans vos mains pendant l'extension de vos jambes.

❑ Repères

👁 La barre ne s'alourdit pas et l'écoute reste molle.

Rentrer :

❑ Actions

Fléchissez vos jambes pour vous retrouver en position groupée.

❑ Repères

👁 Rentrez dès que le bateau « fuit » sous vos pieds (la coque au vent descend).

Réception :

❑ Actions

Freinez votre retour en appuyant sur le trampoline (rentrez vos fesses). Esquivez la poutre en montant le bassin.

❑ Repères

Dès que le câble est détendu, vous êtes en position de rappel.

STANDARD 4 – PRÈS : MAINTENIR UNE COQUE À FLEUR D'EAU

But : Maîtriser l'équilibre latéral du catamaran par l'intermédiaire du déplacement ou de l'écoute tout en gardant une trajectoire rectiligne.

❑ Conditions de réussite :

Nous distinguons deux cas :

- sous-puissance : l'équipage n'est pas complètement sorti au trapèze. Le contrôle de l'équilibre se fera par le déplacement : rentrer - sortir au trapèze.
  niveau bleu, vent faible (ci-dessous).
- surpuissance : l'équipage est au trapèze maxi. L'équilibre se fera par l'intermédiaire du chariot d'écoute (choquer -border).
  niveau violet - vent fort (page 57).

Les 4 photos suivantes illustrent les actions à réaliser pour maintenir une coque à fleur d'eau (Sous-puissance page 56 - Surpuissance page 57).

Sous-puissance

❑ Actions

Le bateau monte progressivement, l'équipier assure l'équilibre en se déplaçant latéralement. Le barreur garde sa route et une propulsion maximum.

❑ Repères

Si accélération, la coque au vent monte. Si décélération, la coque au vent redescend. Tenez compte de ces deux repères pour anticiper sur les mouvements « d'ascenseur » du flotteur au vent.

❑ Principes pour maintenir une coque levée :

Dans les deux cas (surpuissance et sous-puissance), l'écoute est bordée. (Chute tendue → puissance maxi dans la voile).

L'organisation à bord s'établit selon deux cas :

- sous-puissance : si la présence d'une personne est indispensable en permanence au trapèze, faire sortir le barreur, l'équipier assurant l'équilibre (moins de perturbation de la trajectoire, meilleure vision du plan d'eau).
- surpuissance : le barreur prend le chariot d'écoute, l'équipier l'écoute de foc et de grand'voile (soupape en cas de très forte survente).

Surpuissance

❑ Actions

La bateau monte plus soudainement. Le barreur choque du chariot. Si cela ne suffit pas, l'équipier choque de l'écoute. Lorsque le bateau redescend, rebordez l'écoute puis le chariot.

❑ Repères

👁 Contrôlez les variations de hauteur des flotteurs en regardant l'étrave du flotteur au vent par rapport à sa pénétration dans l'eau.

STANDARD 5 : VIRER DE BORD SANS S'ARRÊTER

But : Ne pas s'arrêter et continuer à gagner au vent pendant le virement.

❑ Conditions de réussite :

- Naviguez au près.
- Ayez de la vitesse.

❑ Principes pour réussir un virement de bord sans vous arrêter :

Lofez progressivement en début de virement puis augmentez l'amplitude de la barre lorsque le bateau ralentit.

L'équipage doit rester le plus possible sur le flotteur au vent, cela soulage le flotteur sous le vent pendant sa rotation. Attendez que la voile se gonfle sur l'autre bord pour changez de côté (gardez l'écoute de grand'voile à la main pour ne pas chavirer). L'équipage se recule pour dégager les étraves de l'eau. Dans les vagues, choisissez le moment de votre virement, de préférence lorsque les vagues sont les moins grosses, et déclenchez le lof en montant sur la vague.

Ne gardez pas le foc trop longtemps à contre lors du passage face au vent.

Les 4 photos ci-contre vous présentent la chronologie des actions à effectuer pendant le virement de bord.

❑ Actions

① **Déclenchement :**

Le barreur pousse sa barre dans la brise, l'équipier rentre du trapèze et se recule.

② **La conduite :**

Le barreur garde sa barre sous le vent et choque 10 cm d'écoute lors du passage face au vent. L'équipier choque son foc et s'apprête à traverser. Dans la brise, le barreur rentre du trapèze.

③

L'équipage traverse, l'équipier borde la nouvelle écoute de foc dans son déplacement.

④ **La relance :**

Le barreur redresse progressivement la barre en rebordant graduellement la voile. Le bateau accélère, le barreur lofe de nouveau légèrement pour reprendre son cap au près et finit de border sa voile.

Dans la brise, l'équipier ressort au trapèze, suivi du barreur.

❑ Repères

① Rentrez dès que le bateau est à plat.

② Le foc est à contre, l'angle entre les étraves et le clapot.
La perte de vitesse du bateau.

③ La voile porte sur l'autre amure.
Le catamaran redémarre.

④ Le bateau accélère, la coque monte.
L'angle entre les étraves et le clapot.

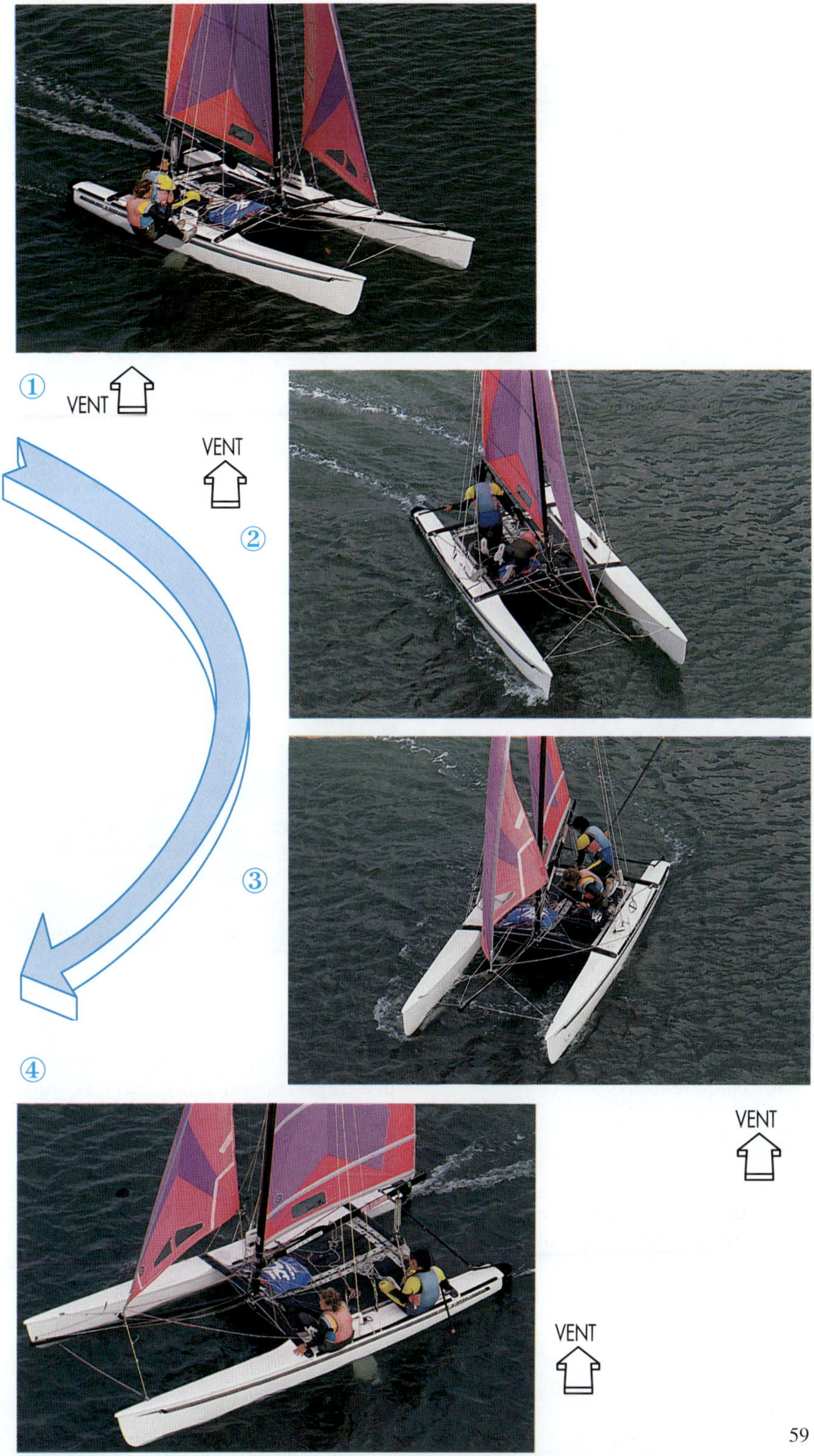
①
VENT
VENT
②
③
④
VENT
VENT

STANDARD 6 (1re PARTIE) – LARGUE (mer plate - vent 1 à 3) : CONTRÔLER L'ASSIETTE LATÉRALE ET LONGITUDINALE ET RÉGLER LES VOILES EN FONCTION DES VARIATIONS DE VITESSE

But : Utiliser la puissance du catamaran pour obtenir une vitesse maximum.

❑ Conditions de réussite :

- Utilisez le potentiel des coques (longueur à la flottaison - surface mouillée).
- Adaptez vos réglages de voile à chaque variation de vitesse.

Les 4 photos suivantes illustrent les actions à réaliser pour équilibrer votre catamaran au largue et obtenir une vitesse maximum.

Accélération

❑ Actions

L'équipier laisse monter le flotteur au vent et se recule.

❑ Repères

Le bateau monte et se pose sur son étrave sous le vent.

La vague d'étrave augmente.

❑ Actions

Le barreur et l'équipier bordent progressivement leurs écoutes pour tendre la chute de la grand'voile et du foc. Le barreur abat légèrement pour garder un angle vent-bateau constant.

❏ Principes pour obtenir une vitesse maximum :

Équilibre latéral : cherchez à lever dès que possible le flotteur au vent de façon à ce qu'il affleure l'eau (moins de surface mouillée).

Équilibre longitudinal : gardez le catamaran le plus à plat possible (longitudinalement) voire légèrement sur l'avant pour dégager les formes arrières qui sont les plus volumineuses (diminution de surface mouillée).

Propulsion : réglez le chariot d'écoute (choquez de 15 à 20 cm environ). Suivez le vent à la barre et réglez le vrillage de la grand'voile à l'écoute. Il est déterminant de suivre les variations du vent par réglage du foc. C'est lui qui favorise l'écoulement de l'air en extrados sur la grand'voile.

Décélération

❏ Actions

Le barreur et l'équipier choquent peu, mais rapidement, leur voile pour raccrocher les filets d'air. Le barreur lofe de nouveau légèrement pour conserver l'angle vent-bateau constant.

❏ Repères

👁 Les penons dans la voile et le foc décrochent (montent) puis redeviennent parallèles et légèrement au-dessous de l'horizontale.

❏ Actions

L'équipier fléchit pour essayer de conserver le flotteur au vent hors de l'eau et s'avance pour dégager l'arrière du bateau.

❏ Repères

👁 Le bateau descend et se pose sur ses safrans.

STANDARD 6 (2e PARTIE) – LARGUE (vent fort, vagues) : CONTRÔLEZ L'ASSIETTE LATÉRALE ET LONGITUDINALE, RÉGLEZ LES VOILES EN FONCTION DES VARIATIONS DE VITESSE

But : Contôler la puissance du catamaran et obtenir une vitesse constante.

❑ **Conditions de réussite :** (vous êtes ici dans des conditions de sur puissance. Le déplacement latéral est bloqué, seul le longitudinal sera utilisé).

Découvrez et connaissez les limites d'enfournement de votre catamaran, attaquez cette allure progressivement.

Coordonnez les actions sur les écoutes et les déplacements.

Anticipez les accélérations et décélérations brusques.

Ayez un très bon antidérapant sur les listons.

Les 4 photos suivantes montrent les actions à réaliser pour maîtriser la puissance et la vitesse de votre catamaran.

Survente

❑ **Actions**

L'équipier se recule et tend prioritairement sa jambe arrière pour ne pas être entraîné lors de l'accélération. Il peut se retenir à l'écoute du foc.

❑ **Repères**

👁 L'étrave du flotteur sous le vent ne doit pas plonger dans l'eau.

❑ **Actions**

Le barreur ouvre son plan de voilure (chariot de grand'voile) et abat pour faire accélérer le bateau. Si la survente est très forte, l'équipier choque le foc quelques secondes ; il tiendra ainsi l'écoute de grand'voile pour choquer en grand si nécessaire (soupape de sécurité).

❑ **Repères**

👁 Vous êtes entraînés vers l'arrière (le barreur doit être bien calé, éventuellement foot strap).

❑ Principes pour contrôler la puissance de votre catamaran et obtenir une vitesse constante.

• Contrôlez le vrillage de la grand'voile. Une grand'voile trop vrillée accentue l'enfournement et le bateau devient instable à la gîte, le haut de la voile ne portant pas toujours. Une voile trop ferme donnera trop de puissance et risquera aussi de décrocher.

• Choquez l'écoute de foc dans les surventes évite l'enfournement et permet parfois d'éviter de choquer du chariot (donc de conserver de la vitesse).

• Utilisez un bout de rappel partant de l'arrière du bateau auquel se tient l'équipier pour éviter le déséquilibre vers l'avant.

Dévente

❑ Actions

L'équipier se retient au bout de rappel à l'arrière pour éviter de partir vers l'avant, ce qui amènerait le bateau à enfourner.

❑ Repères

👁 L'étrave sous le vent se soulève hors de l'eau.

❑ Actions

Le barreur remonte son chariot vers l'axe du bateau et lofe légèrement pour faire réaccélérer.

❑ Repères

Vous êtes entraîné vers l'avant de façon parfois violente, notamment si votre bateau heurte une vague dans le même temps.

But : Établir le spinnaker en toute sécurité, sans perdre de vitesse.

❑ Conditions de réussite :

Effectuer la manœuvre plein vent arrière supprime les risques de dessalage, et ainsi le spi se trouve protégé par la grand'voile et ne commence pas à porter trop tôt, ce qui évite d'avoir une trop grande tension dans la drisse et permet de hisser facilement.

Les 4 photos suivantes présentent la chronologie des actions à effectuer pour hisser le spi.

❑ Actions

Le barreur abat jusqu'au vent arrière, l'équipier va sous le vent, ouvre la baille et dégage le spi.

❑ Repères

Le bateau ralentit.

❑ Actions

L'équipier hisse le spi à la volée, le barreur prend l'écoute de spi en main.

❑ Repères

Vérifiez si le spi est suffisamment hissé, le point de drisse est au capelage.

❑ Principes pour hisser

Le barreur dirige et propulse le bateau. L'équipier effectue la manœuvre. Plus vous hissez vite, moins vous aurez à forcer sur la drisse du spi.

❑ Actions

Le spi est hissé, le barreur le fait porter, l'équipier range la drisse.

❑ Actions

L'équipier reprend l'écoute de spi et se déplace pour équilibrer le bateau. Le barreur prend la route voulue.

STANDARD 7 (2e partie) – MANŒUVRER SOUS SPI : AFFALER UN SPI

But : Rentrer le spinnaker en toute sécurité sans perdre de vitesse.

❑ Conditions de réussite :

• Effectuer la manœuvre plein vent arrière supprime les risques de dessalage.

• Par ailleurs le spi se trouve ainsi protégé par la grand'voile, ce qui diminue sa prise au vent. Affaler au largue pourrait voir le spi partir sur l'arrière du bateau, se prendre et se déchirer dans les lattes de grand'voile au niveau de la chute.

Les 4 photos présentent la chronologie des actions à effectuer pour affaler votre spi.

❑ Actions

Le barreur abat jusqu'au vent arrière. L'équipier se déplace sous le vent. Il vérifie si la drisse est claire et la jette à l'eau (cela évite les nœuds).

❑ Repères

👁 Le bateau ralentit, le spi tire moins.

❑ Actions

Le barreur poursuit sa route au vent arrière. L'équipier saisit le point d'écoute du spi, choque la drisse et la laisse filer.

❑ **Principe pour affaler :**

Le barreur dirige et propulse le bateau. L'équipier effectue la manœuvre.

❑ **Actions**

L'équipier tire sur la bordure pour ramener le point d'amure et descend le spi, il le bloque au fur et à mesure entre ses cuisses.

❑ **Repères**

👁 Dès que le spi est étouffé, le bateau peut lofer.

❑ **Actions**

L'équipier range le spi dans la baille et reprend les écoutes. Le barreur peut continuer de lofer, il assure l'équilibre.

But : Changer d'amure en perdant le moins de vitesse possible.

❑ Conditions de réussite :

Le barreur effectue une trajectoire sans à-coup; il doit harmoniser celle-ci avec le passage du spi sur la nouvelle amure (ne pas tourner trop vite).

Les 4 photos suivantes présentent la chronologie et les actions à effectuer lors de l'empannage.

❑ Actions

Le barreur abat, l'équipier rentre du trapèze et récupère le bras de spi (partie au vent).

❑ Repères

Le bateau ralentit, le spi tire moins.

❑ Actions

Le barreur fait passer son stick sous le vent tout en continuant d'abattre, l'équipier préborde le bras au vent pour aider le spi à passer.

❑ Repères

Le barreur contrôle son spi et l'angle que font ses coques avec les vagues, si l'angle est d'environ 90°. Le bateau est vent arrière.

❑ Principes pour réussir un empannage sous spi

• Ne forcez pas sur les écoutes de spi et grand'voile pour faire changer les voiles de côté, elles passeront facilement lorsque le bateau sera sur la fausse panne et aura de la vitesse.

• Ne jamais mettre les safrans en travers car ils décrochent et freinent alors le bateau qui ne tournera plus.

• Vérifier le circuit de bras de spi. Le mettre au clair avant l'empannage. Attention en effet au bras qui traîne dans l'eau et qui passe dans (ou sous) les safrans.

❑ Actions

Le barreur change de côté et empanne lorsque son bateau est en phase d'accélération. La voile passe, l'équipier fait passer le spi.

❑ Repères

Le bateau n'est pas dur à la barre. Le palan d'écoute mollit.

Le spi part sur l'avant.

❑ Actions

L'équipier borde son spi, change de côté, et se prépare à sortir au trapèze si nécessaire (suivant la force du vent et la route à suivre).

Dans le petit temps, le barreur vérifie si les lattes sont dans le bon sens, sinon il borde d'un coup sec en prenant le palan à pleine main.

❑ Repères

Le spi se regonfle, le barreur lofe.

Le bateau accélère.

STANDARD 8 – PORTANT : RECHERCHER UN BON COMPROMIS DISTANCE-VITESSE (meilleur gain sous le vent)

But : Rejoindre le plus vite possible un point situé sous le vent.

❑ Conditions de réussite :

Le catamaran est un bateau qui a une perte de vitesse importante au vent arrière, il est donc plus efficace de tirer des bords de grand largue (allure où le catamaran va encore très vite) même si cela rallonge la route.

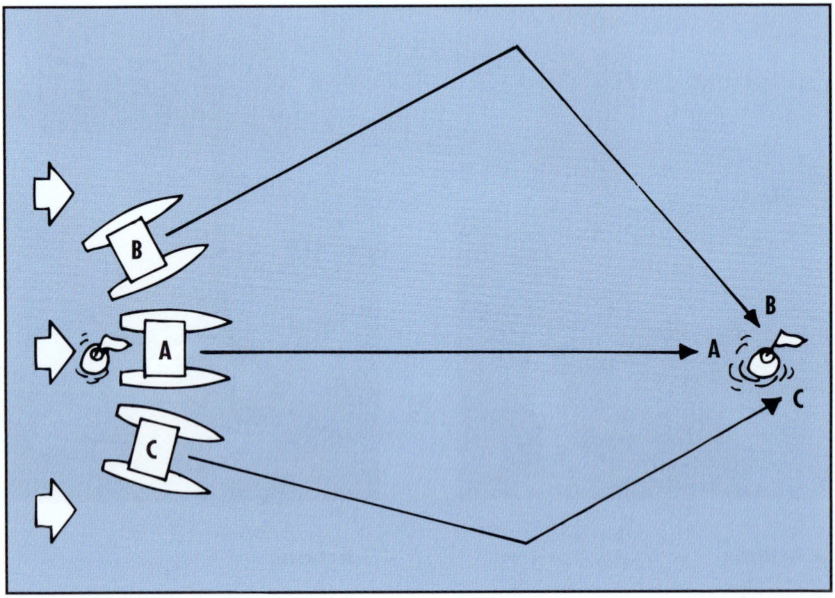

Les catamarans A, B et C partent ensemble à la bouée au vent. A la bouée sous le vent, nous pouvons constater :

A : Distance la plus courte, mais vitesse la plus faible (vent arrière).

B : Vitesse la plus élevée (largue), mais route trop longue.

C : Distance et vitesse moyenne (grand largue). C'est le meilleur gain sous le vent.

❑ Principes pour aller vite au portant

Suivez les variations de vitesse aux écoutes de spi et grand'voile. Le bateau ralentit ; débridez le spi. Faites vriller la grand'voile. Le bateau accélère : aplatir le spi. Retendre légèrement la chute de la grand'voile.

❑ Recherchez le meilleur compromis

Suivez le vent, abattez lorsque le bateau accélère → gains en distance et lofez de nouveau lorsque le bateau ralentit pour le faire accélérer → recherche de vitesse.

Mais aussi : empannez quand le vent adonne (le bateau ralentit, sa route se rapproche du sens des vagues) permet de se retrouver sur un bord refusant sur lequel le bateau accélérera tout en conservant une route favorable en distance.

STANDARD 9 – LOUVOYAGE : CHOISIR LA ZONE DE REMONTÉE AU VENT LA PLUS EFFICACE

But : Rejoindre le plus vite possible un point situé au vent.

❑ Conditions de réussite :

Situez correctement la trajectoire du bateau sur un parcours et restez dans le cadre.

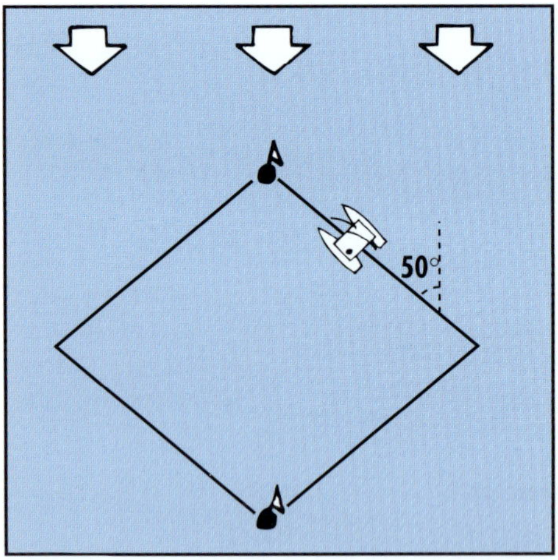

Notion de cadre à partir de la position de deux bouées, de la direction du vent et de l'angle de remonté au vent ; on définit cette notion par la surface contenant toutes les trajectoires possibles de remontée au vent.

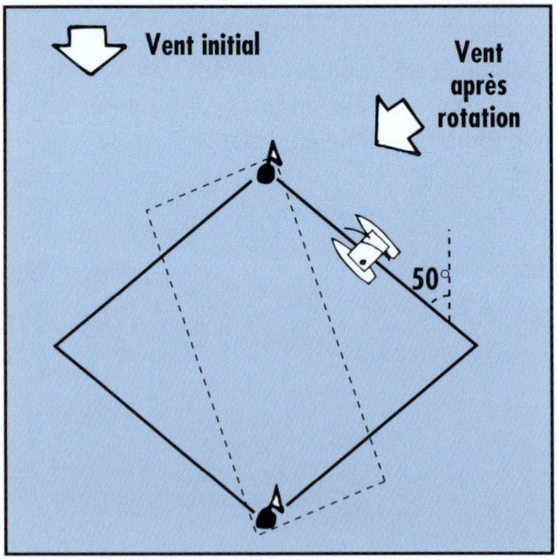

Toute rotation du vent déforme le cadre initial.

Toute sortie du cadre implique un allongement de la trajectoire pour rejoindre la bouée au vent.

Le catamaran est un bateau qui vire avec une relative difficulté (par rapport à un dériveur), les équipages ont tendance à effectuer les remontées au vent en deux bords (bord du cadre).

❑ Principes pour ne pas sortir du cadre :

• Appréciez le moment où il faut virer pour parer la bouée : tout en navigant au près, 👁 tournez la tête par l'avant, le but étant d'obtenir une visée de la bouée à 90° environ de l'axe de votre catamaran.

• Surveillez les rotations du vent lorsque vous naviguez au près. 👁 Prenez un alignement à terre, si vous montez au-dessus de votre alignement, le vent adonne. Si vous passez sous votre alignement, le vent refuse. Si la situation de refus dure, virez de bord.

• Si le vent est très instable en direction, ne suivez pas les bords du cadre, mais restez centré sur l'axe du parcours, pour exploiter ces variations de direction.

STANDARD 10 : PARCOURS-TEST DE NIVEAU A2

Le parcours test de niveau A2 permet de vérifier l'acquisition des compétences des standards perfectionnement. Ce test est utilisé pour évaluer les futurs moniteurs.

Ce parcours réalisé par un vent de force 1 à 3 atteste du niveau BLEU.

Réalisé par un vent de force 4 à 5, il atteste du niveau VIOLET.

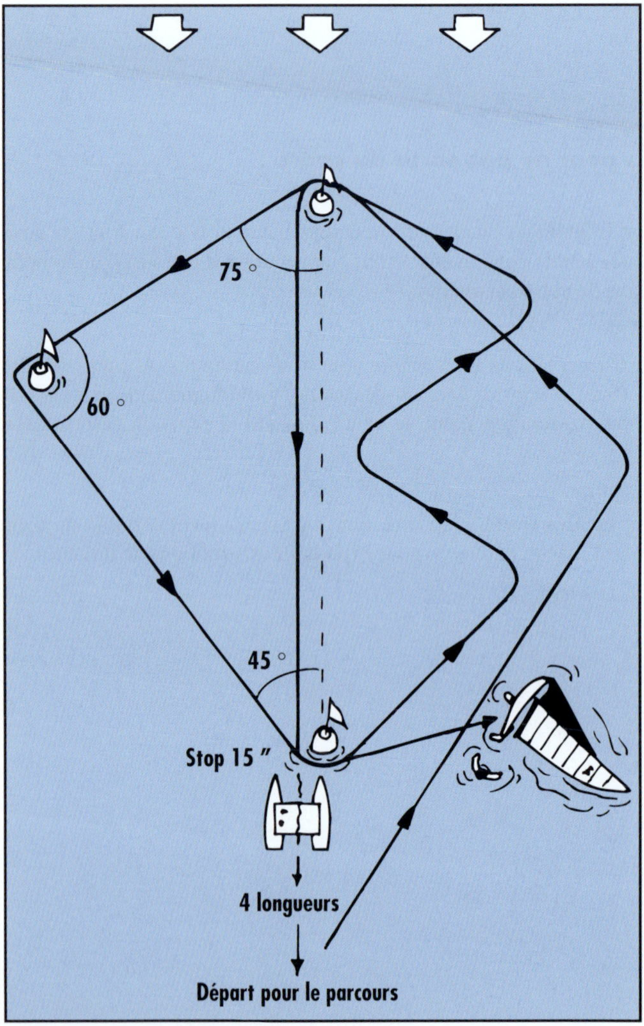

Parcours-test de niveau A2

❑ Description du parcours :

Vous vous présentez à la bouée sous le vent et vous vous arrêtez à proximité de la bouée. Vous tenez cet arrêt 30 secondes, ensuite vous reculez d'environ quatre longueurs, puis vous partez bâbord amure au près et vous remontez à la bouée au vent en deux bords exactement.

Vous effectuez les bords de largue et de grand largue. Puis vous remontez à la bouée au vent en effectuant au moins trois virements de bord, suivez la partie droite du parcours sans franchir l'axe du parcours. Vous descendez sous le vent avec la plus grande vitesse de perte sous le vent. Ensuite, vous effectuez la manœuvre de l'homme à la mer. Si vous réalisez ce test par vent médium (force 4 ou 5), chavirez et redressez ensuite votre bateau sans aide extérieure pour prétendre au niveau “violet” F.F.Voile.

❑ Critères de réussite :

Voici pour chaque partie de parcours les points d'évaluation qui seront retenus :

- Arrêt : maintenez-vous à moins d'une longueur de la bouée et sans changer d'amure.
- Recul : reculez à l'aide des voiles bordées à contre, sans erreur d'anticipation sur le sens de la barre pour faire repartir le bateau bâbord amure.
- 1re remontée : angle et vitesse de remontée au vent, capacité à faire les bords du cadre.
- 1re abattée : faites accélérer le bateau progressivement.
- Largue : utilisez le potentiel de vitesse du barreur (assiette latérale, longitudinale, réglage des voiles, etc…).
- Empannage : effectuez la rotation sans arrêter le bateau.
- Grand largue : idem largue.
- 1re auloffée : sortez au près à moins d'une demi-longueur de la bouée sous le vent.
- 2e remontée au vent : naviguez en venant effleurer au moins une fois l'axe du parcours sans le franchir.
- 2e abattée : ayez une bonne coordination et chronologie de vos actions sur la barre et l'écoute.
- Vent arrière : vitesse de descente sous le vent.
- 2e auloffée : enchaînez un empannage et une auloffée pour sortir comme lors de la 1re auloffée.
- Homme à la mer : rapidité de récupération.
- Redressage : rapidité et assurance dans la manœuvre, qualité de la remise en route.

Test de niveau C1

(solution page 96)

	vrai	faux
1 Lorsque vous accélérez après un démarrage au près, votre vent apparent adonne.	☐	☐
2 La navigation en finesse correspond à un angle de 10° à 30° entre le vent apparent et le plan de voilure.	☐	☐
3 La force anti-dérive augmente avec la vitesse du catamaran.	☐	☐
4 Le foc accélère les filets d'air sur l'extrados de la voile.	☐	☐
5 La route la plus rapide pour rejoindre un point au vent est toujours celle qui correspond au bord du cadre.	☐	☐
6 Au largue, quelle que soit votre vitesse, votre vent apparent conserve toujours la même direction.	☐	☐
7 Pour rejoindre un point sous le vent, la route la plus rapide est au vent arrière.	☐	☐
8 Pour virer de bord, il faut s'avancer le plus possible et le plus longtemps possible sur le flotteur sous le vent.	☐	☐
9 Il faut, au vent arrière, empanner lorsque le vent adonne.	☐	☐
10 Lorsque votre catamaran gîte, il devient plus stable en direction.	☐	☐

11 Vous naviguez au largue en surpuissance. Une risée fait gîter votre bateau. Pour le remettre à plat, quelles actions réalisez-vous chronologiquement ?

a. Vous abattez puis choquez immédiatement ☐
b. Vous lofez puis vous bordez une fois le bateau à plat ☐
c. Vous choquez puis vous abattez immédiatement ☐
d. Aucune de ces réponses ☐

12 Vous naviguez au près. Le vent forcit brusquement sans changer de direction. Pour accélérer, vous devez :

a. Border votre voile en abattant un peu ☐
b. Choquer votre voile sans modifier vote trajectoire ☐
c. Augmenter vote rappel et lofer légèrement ☐
d. Aucune de ces réponses ☐

13 Pour repêcher un homme à la mer, vous devez :

a. Arriver sur lui au vent arrière ☐
b. Vous arrêter sous son vent et attendre qu'il dérive vers vous ☐
c. Vous arrêter à son vent et vous laisser dériver vers lui ☐
d. Aucune de ces trois réponses ☐

14 Au largue, votre catamaran gîte beaucoup.

a. Il enfourne plus facilement ☐
b. Il accélère ☐
c. Il devient plus ardent ☐
d. Aucune de ces trois réponses ☐

4. DÉCOUVREZ LA COMPÉTITION

A ce niveau, une parfaite maîtrise de votre engin, du règlement et de vos adversaires est nécessaire. Si tel n'est pas le cas, une réclamation peut être déposée contre vous et vous passerez votre soirée à attendre son jugement... malheureuse perspective !

La compétition en voile peut être passionnante car elle oblige l'individu à prendre en compte un nombre important de paramètres pour évoluer dans un milieu incertain. Elle sait aussi être rebutante quand les problèmes deviennent trop complexes.

Après une brève présentation de la régate, nous allons développer ce chapitre en six thèmes qui vous aideront à vous situer car n'oubliez pas que votre niveau de performance correspond au niveau de votre point le plus faible !

- la stratégie,
- la tactique,
- le physique,
- la psychologie,
- la technologie,
- la technique.

Ces deux derniers thèmes ayant déjà été abordés précédemment, nous les décrirons très succinctement. Nous traiterons ici de la pratique sportive la plus répandue : la régate sur triangle olympique. Elle se pratique à tous les niveaux, sur quasiment tous les types de bateau et, comme son nom l'indique, les meilleurs régatiers du monde se retrouvent tous les quatre ans autour de ses trois bouées pour disputer les Jeux Olympiques.

❑ Présentation de la régate sur parcours olympique :

Une compétition internationale de voile olympique s'étale en général sur une semaine. Elle se dispute en plusieurs manches avec suppression de la ou des plus mauvaises selon les précisions données dans les instructions de course pour le décompte des points (0 point pour le premier de la manche, 3 pour le second, 5,7 pour le troisième..., place + 6 points à partir de la septième place. Ex. : Un compétiteur finit 14e donc : 14 + 6 = 20 points).

On distingue plusieurs catégories de personnes sur le site d'une régate : les compétiteurs, le comité de course, le jury, les organisateurs, les accompagnateurs.

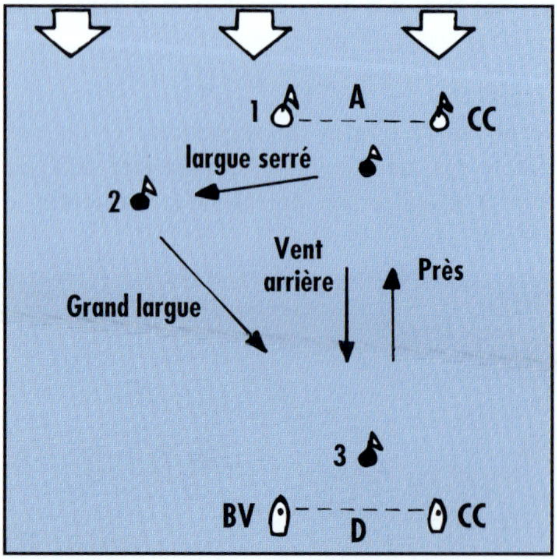

On trouve deux types de parcours en catamaran :

D1-2-3-1-3-1-2-3 A

D1-2-3-1-3-1-2-3-1-3 A

L'axe des bouées 1-3 est généralement dans l'axe du vent. Le premier largue est plus serré que le second. Les marques sont le plus souvent à laisser à bâbord car les parcours tribord sont dangereux à la bouée au vent. Toutes les indications concernant la compétition sont obligatoirement réunies dans les « instructions de course ».

H - 10 minutes	H - 5 minutes	H - 1 minute	Départ
Pavillon de série	Pavillon de série P I	Pavillon de série P	
Un coup de canon	Un coup de canon	Un signal sonore long	Un coup de canon
Le pavillon de la série qui doit prendre le départ est envoyé au mât du bateau comité de course.	Les pavillons P et I du code international sont envoyés.	Le pavillon I du code international est amené.	Tous les pavillons sont amenés. C'est un signal qui autorise les catamarans à franchir la ligne de départ.

Le départ se situe le plus souvent sous le vent de la bouée sous le vent (n° 3).

Côté bâbord un bateau viseur, côté tribord le bateau comité sur lequel se déroule la procédure de départ.

Si des concurrents ont franchi la ligne avant le départ, il y aura « rappel individuel » (premier substitut) ou « rappel général » (pavillon X) selon le nombre de valeurs.

Après plusieurs rappels généraux, attention à la règle rouge (pavillon B) qui sanctionne d'une disqualification tous les bateaux ayant franchi la ligne 1, 3 ou 5 minutes avant le départ.

L'arrivée a lieu au vent de la bouée au vent (n° 1) entre une bouée et le bateau comité arborant un pavillon bleu. Le premier « claque » la manche car son arrivée est accompagnée d'un coup de canon. Tous les autres concurrents doivent arriver dans la demi-heure qui suit, c'est souvent le cas sur des engins rapides comme le catamaran.

Les instructions de course fournies à tous les concurrents précisent tous ces éléments. Ainsi, tous les régatiers disposent-ils du même niveau d'information, mais certains sont plus habiles à tirer parti de ces informations, d'autres se contentant de suivre ce que font les meilleurs.

La stratégie

Élaborer sa stratégie, c'est recenser et choisir les moyens à mettre en œuvre pour atteindre un but : une sélection, la victoire d'une régate ou le gain d'une manche.

Elle concerne donc tous les domaines de la préparation mais nous nous centrerons sur les informations nécessaires à la préparation d'une régate.

❑ La météorologie

La météo est souvent le premier des éléments que l'on prend en compte. Une prévision sur plusieurs jours doit vous aider à choisir votre matériel ou votre équipier (gréement de brise ou de petit temps, équipage lourd ou léger). Les cartes météo ou les prévisions de la météo marine vous aideront journalièrement à affiner le choix de votre matériel (choix des lattes, réglages de quête et de tension).

Ceci vous aidera aussi à vous situer par rapport à deux types de vent :

- le vent synoptique lié à l'évolution du champ de pression atmosphérique (dépression ou anticyclone),
- la brise thermique, plus fréquente en été, créée entre autre par une différence de température entre la terre et la mer.

L'observation d'une carte météo récente comparée à une carte de prévision doit vous permettre de tirer les grandes lignes de l'évolution du vent (évolution à droite ou à gauche de la direction du vent, renforcement ou affaiblissement).

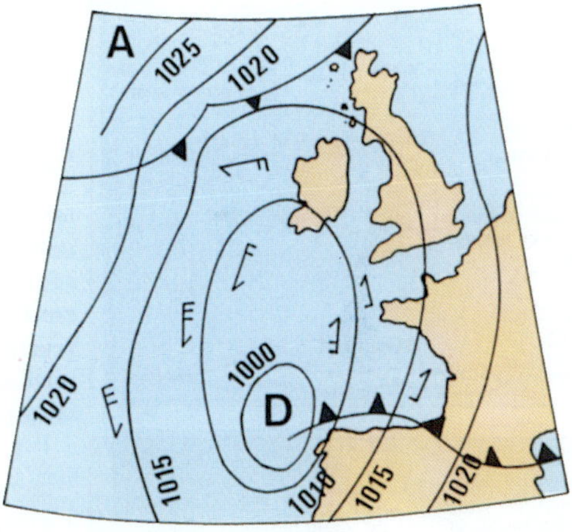

L'ensoleillement, l'instabilité de l'air, la force du synoptique, la température de l'eau sont des critères à prendre en compte pour déterminer les probabilités de l'apparition du thermique. Cela vous permettra de préciser les tendances d'évolution du vent.

Nous pouvons avoir une démarche similaire en ce qui concerne les **courants** à ceci près qu'ils ne sont pas présents sur tous les plans d'eau et qu'ils font preuve de beaucoup d'inertie :

• les courants de marées, dont on peut trouver les caractéristiques sur les cartes marines en liaison avec les horaires de marées ; ils peuvent atteindre 4 à 5 nœuds à certains endroits de notre littoral.

• les courants de surface liés à l'action du vent sur la surface de l'eau ; ils ont beaucoup moins d'inertie et sont souvent faibles en Méditerranée.

❑ La topographie

La topographie est elle aussi déterminante dans la prévision de vos bords, elle conditionne la répartition et les possibilités d'évolution du vent et du courant.

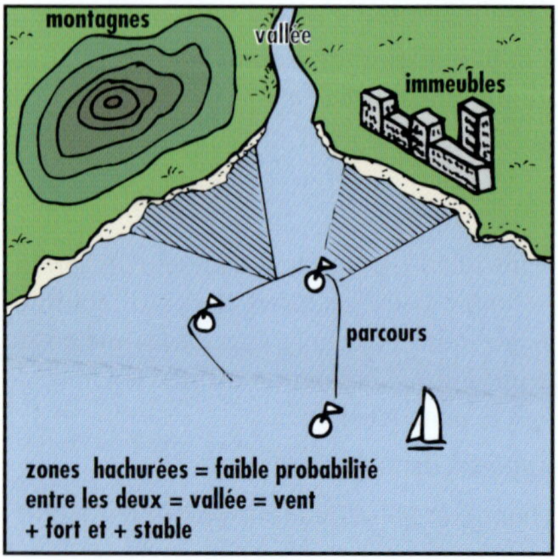

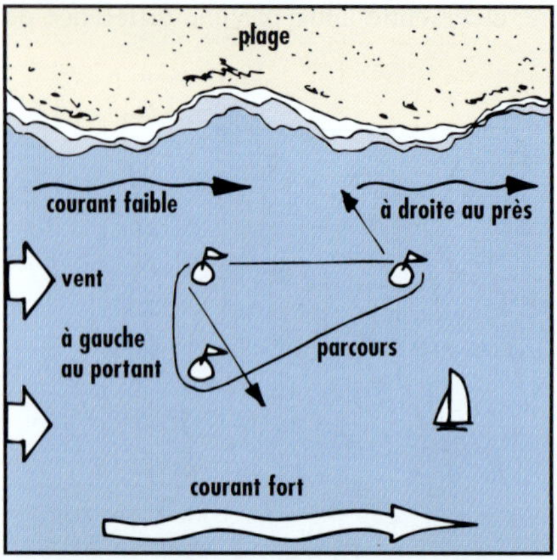

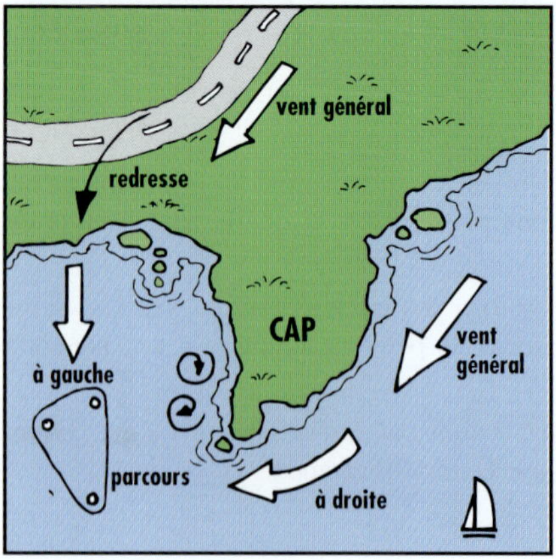

Le relief de la côte nous donne des indications précises sur les « caps limites ».

Dans le cas d'un haut relief, le vent évolutif butera sur un côté puis sautera de l'autre en quelques minutes.

A l'inverse, une vallée canalise plus longtemps le vent.

Un repérage fin de ces creux et bosses par rapport à l'endroit présumé du triangle olympique vous permettra de savoir d'où le vent peut et ne peut pas venir.

La côte a souvent tendance à redresser le vent vers une perpendiculaire à sa direction générale.

Un cap provoque des turbulences dont on peut profiter.

Un vent venant du large (+ stable) sera moins perturbé qu'un vent de terre (oscillant). Par contre ils pourront l'un comme l'autre tourner lentement au cours d'une journée (évolutif).

Les habitués d'un plan d'eau (pêcheurs, membres du club), la proche station météo ou l'aéroport vous aideront.

D'une manière générale, le courant est un fluide qui se comporte comme le vent. Les mêmes remarques sont donc valables en ce qui concerne les bancs de sable, les chenaux ou les caps.

Par contre vous aurez systématiquement un courant moins fort si la hauteur d'eau est faible (sur la côte) en comparaison du courant toujours plus fort du large. A vous de déterminer si le courant est favorable ou non !

❑ Les règles de course

Le règlement fait aussi partie des connaissances qu'il faut avoir pour aborder la régate de manière favorable. Il est mis à jour tous les quatre ans par l'International Yachting Racing Union (IYRU) et traduit par la Fédération Française de Voile (F.F.V.).

Nous ne répéterons pas encore une fois toutes les règles du fascicule, mais nous souhaitons, compte tenu des spécificités du catamaran, attirer votre attention sur trois d'entre elles. Pour tous les détails, reportez-vous au règlement.

Règle 41 : un bateau qui vire de bord n'est plus prioritaire dans la deuxième partie de son virement (du face au vent à la nouvelle amure) et ne doit pas gêner un autre concurrent.

Pourtant quand on compare la relative lenteur des multicoques pendant une manœuvre à leur extraordinaire rapidité en route, on s'aperçoit que de nombreuses fautes sont commises. En sortie de bouée par exemple, des bateaux virent, obligeant les suivants à anticiper pour éviter la collision.

Conseil : prenez beaucoup de marge !

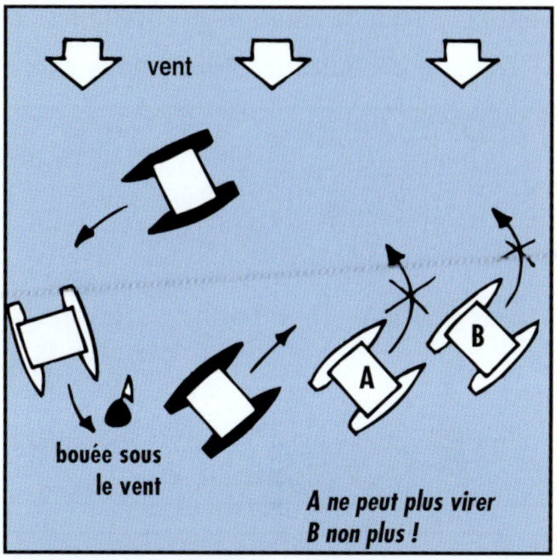

Règle 42 : un bateau entrant dans les deux longueurs entourant une marque sous le vent doit laisser « de l'eau » à tous les bateaux engagés sur lui à l'intérieur.

Au portant sur un parcours bâbord le catamaran tire des bords à environ 135° du vent. Les bateaux navigant tribord dans une bande de deux longueurs de large sur le cadre à gauche sont donc engagés, surtout les bateaux entrant bâbord dans la zone des deux longueurs.

Conseil : quand vous prévoyez beaucoup de bateaux à la bouée, finissez cadre gauche !

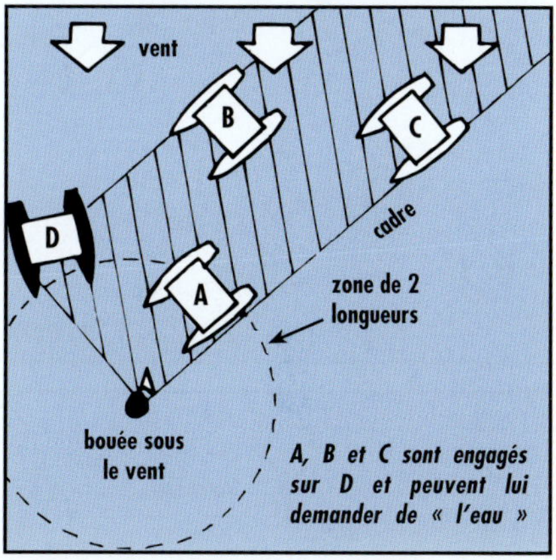

Règle 37 : sur un même bord, le bateau sous le vent est prioritaire.

Il y a souvent une forte concentration d'engins très rapides autour des bouées, la situation évolue en permanence et des bateaux faisant la même route que vous peuvent vous cacher des bateaux prioritaires.

Conseils : faites preuve de vigilance à l'approche des marques et, en double, essayez de libérer l'un de vous pour l'extérieur en concentrant les tâches sur l'autre !

La tactique

La tactique, c'est l'application sur l'eau de vos connaissances en fonction des placements et déplacements de vos adversaires. De ce fait, il est évident que la qualité de celle-ci dépend de votre vécu mais aussi des informations que vous prendrez sur le vent, le bateau, le parcours et surtout les adversaires.

Dans le chapitre précédent, nous avons déjà abordé quelques notions de tactique par rapport au courant et par rapport au règlement. En voici d'autres :

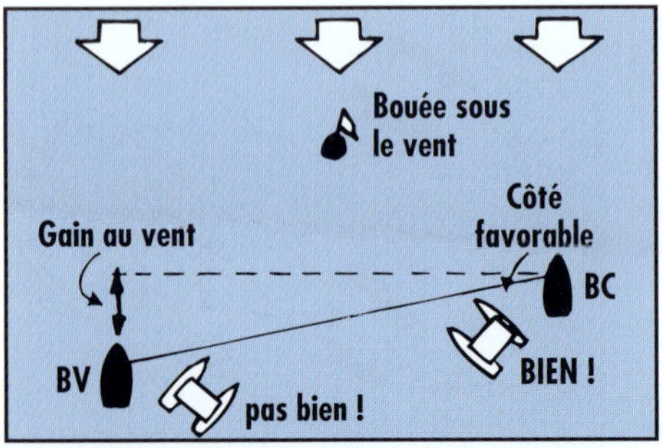

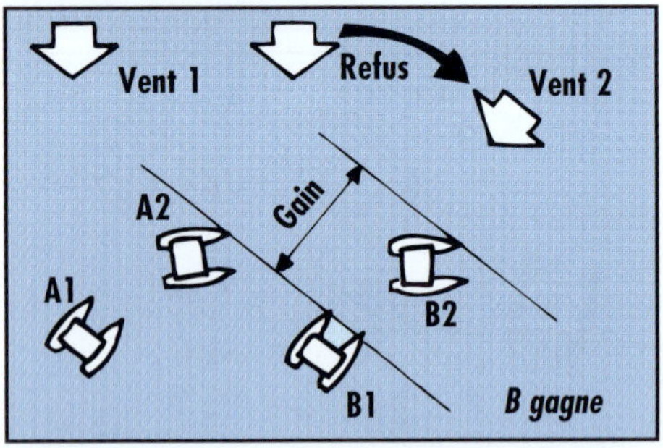

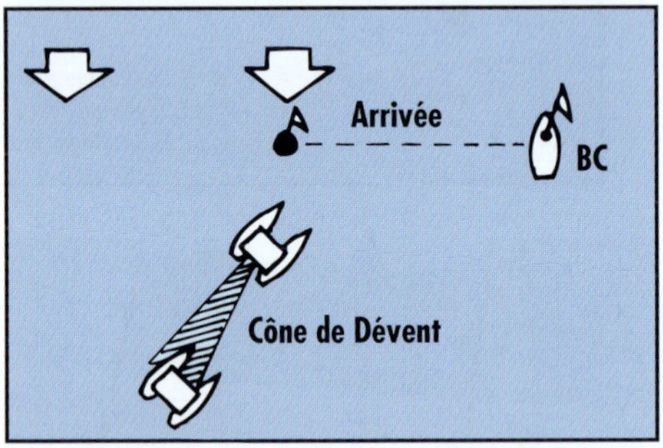

• Au départ, vérifier le côté favorable de la ligne, car partir de ce côté vous fera gagner au vent.

• Bien partir, c'est partir avant les autres : ne vous laissez pas couvrir.

• Sinon recherchez du vent frais non perturbé par les voiles de vos adversaires.

• Dans un vent évolutif ou oscillant, il faut toujours tenter de profiter du vent pour être sur le bord rapprochant des marques : en adonnante au près, en refusante au portant. Toutefois, il ne faut pas sortir du parcours (hors cadre).

• Il y a des situations favorables au près, au vent dans « l'ado » sous le vent dans le refus ; c'est pareil au portant.

• En fin de manche, on cherche souvent à protéger le résultat acquis. La technique du marquage au vent permet de contrôler un adversaire.

• Le cône de dévent d'un catamaran, vu sa rapidité, est presque dans l'axe arrière de votre bateau. Il faut donc virer quasiment dans l'axe avant du bateau que vous devez empêcher de passer.

Conseils :

Vous ne régatez pas contre le vent mais vous utilisez celui-ci pour battre vos concurrents. « Sortez-vous » du bateau et observez le parcours, le vent, l'évolution du courant aux bouées, vos adversaires, bref, consommez de l'information, vous progresserez.

Le physique

Outre le problème de gabarit (adéquation du poids de votre équipage aux caractéristiques du bateau), très présent en monotype, les aspects physiques de la voile sportive occupent une place importante dans la performance car une manche peut durer 3 ou 4 heures et une régate s'étaler sur une semaine.

En effet, l'absence de souffrance dans une manche de brise ou de crampe dans les petits airs, le maintien d'un niveau élevé de vigilance feront la différence en vous permettant de rester concentré sur les vrais problèmes.

Vous pouvez donc vous estimer suffisamment entraîné si vous ne souffrez jamais, si vous restez dans la course un championnat durant.

Si tel n'est pas le cas, ne croyez pas non plus qu'il faille être « Superman ». En vous y prenant tôt, c'est-à-dire en planifiant un entraînement dès l'hiver, vous pourrez être en forme pour les régates de l'été.

Il vous faudra penser :

- foncier (course, natation, cyclisme),
- souplesse (étirement sur membres inférieurs et tronc),
- musculation légère (la navigation fera le reste),
- vitesse (fractionné, sports collectifs).

L'alimentation est aussi importante. Les apports en eau sont en permanence nécessaires, buvez (de l'eau) avant, pendant et après l'effort !

AVANT	PENDANT	APRÈS
Améliorez votre ordinaire pour pouvoir envisager de sauter le déjeuner. Petit déjeuner complet : • céréales, lait, • pain, beurre, confiture, • œufs durs, • café, thé, • fruits.	N'hésitez pas à emmener des barres énergétiques qui vous éviteront les fringales. Vous pouvez aussi prendre des pastilles de vitamine C pour le « coup de fouet » final.	Évitez les viandes rouges qui surchargeraient votre corps en toxines. Poisson, viande blanche, riz, pâtes et légumes vous aideront à régénérer vos stocks énergétiques.

Un conseil : préparez votre saison à l'avance ; de plus, vous serez en forme toute l'année !

La psychologie

Nous venons de le voir, bien préparer une régate, gérer tous les compartiments du jeu nécessite des qualités de motivation et d'organisation.

Pendant la régate ou lors de la préparation d'une échéance, il faudra aussi résister au stress et à la pression.

En double, les problèmes se corsent avec l'apparition d'autrui. Imaginez que vous fonctionniez à très haut niveau sur 6 m^2 dans des situations très contraignantes. Il vous faut alors le partenaire idéal :

- compatible, capable de vous supporter et de rester avec vous pour mettre au point les aspects techniques et liés à l'expérience,
- complémentaire, susceptible de relayer vos points faibles et d'épanouir vos qualités.

Conseil : en cas de problème avec votre équipier, le dialogue est souvent le meilleur remède pour éviter les « drames de la communication ».

La technologie

Reportez-vous au chapitre « Le matériel » :

- Faites la chasse au poids et rendez votre engin étanche.
- Vérifiez et renforcez la rigidité en supprimant les jeux de montage.
- Vérifiez toutes les symétries, tous les parallélismes.
- Enfin, rédigez une « check-list » pour contrôler votre catamaran.

La technique

Adoptez des postures, des attitudes, des gestes pour faire avancer toujours plus vite votre engin en vous fatiguant et en vous impliquant le moins possible. Les vidéos, les chrono photos ou un bon observateur extérieur sont autant de moyens capables de vous renseigner sur les actions que vous avez réellement sur le bateau et ainsi vous permettront de progresser.

Il ne vous reste plus maintenant… que le principal, NAVIGUER.

Conseil : quand vous avez une heure disponible, allez naviguer, vous progresserez dans tous les domaines ! BON VENT !

ANNEXES

1. QUELQUES ÉLÉMENTS THÉORIQUES

1) Définitions des termes : vent réel, vent vitesse, vent apparent.

Lorsque vous démarrez, vous accélérez. Cette accélération produit un vent vitesse opposé à votre déplacement (comme en vélo). Combiné au vent réel (vent atmosphérique), ce vent vitesse produit ce que l'on appelle le vent apparent (vous l'utilisez pour régler vos voiles, il est représenté en pointillé). Ce vent s'oriente vers l'avant de votre bateau par rapport au vent réel. Il produit les mêmes effets qu'une « refusante » (rotation du vent réel vers l'avant du bateau).

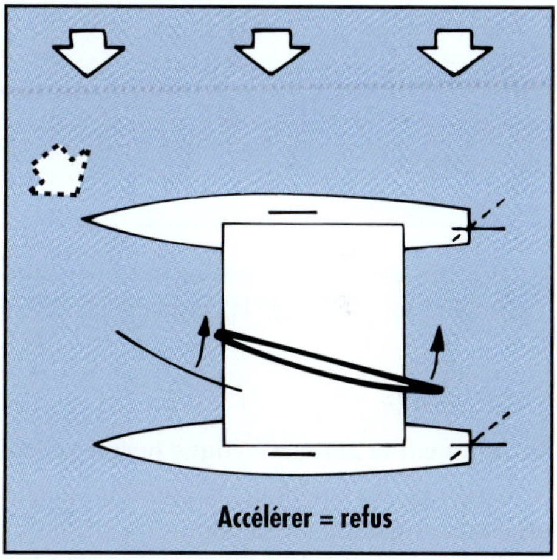

Vous pouvez alors soit border si vous voulez conserver votre trajectoire, soit abattre si vous voulez conserver votre allure initiale, ou si vous êtes trop près du vent.

A l'inverse, un ralentissement (choc sur une vague, baisse du vent), amène votre vent apparent (en trait plein) à basculer sur l'arrière de votre bateau (trait pointillé). Ceci produit le même effet qu'une adonnante (rotation du vent réel vers l'arrière du bateau). Vous pouvez alors de la même façon soit choquer votre voile, soit lofer pour suivre ce nouveau vent.

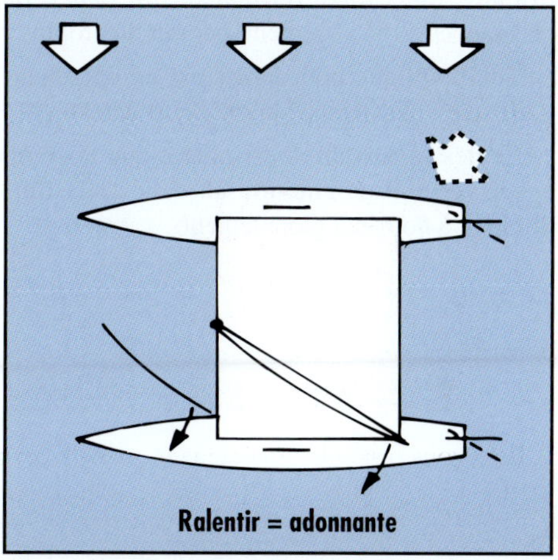

2) La poussée vélique

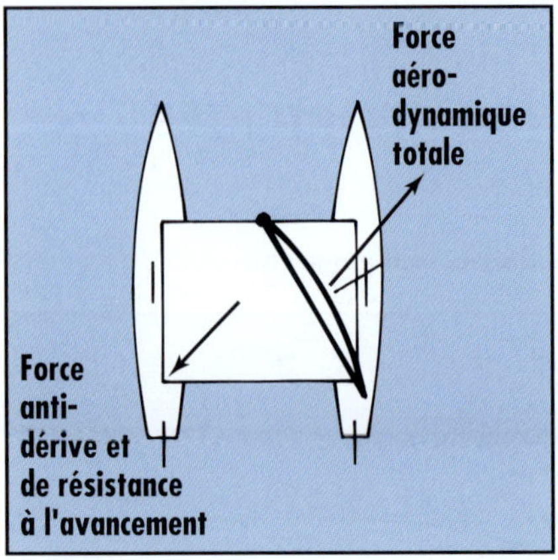

Lorsque vous bordez votre écoute, votre bateau avance et gîte si le vent est fort. Vous avez ainsi créé la « poussée vélique » et capté l'énergie du vent. C'est le nom donné à cette force aérodynamique créée par l'action du vent sur les voiles. Cette force est toujours orientée perpendiculairement au « plan » de la voile car c'est la règle pour tout fluide qui rencontre une surface.

Le profil des voiles étant particulièrement travaillé, la poussée vélique s'oriente légèrement sur l'avant de la perpendiculaire.

3) Comment la poussée vélique permet-elle au bateau d'avancer ?

Si rien ne s'y opposait, la poussée vélique ferait avancer le bateau « en crabe » exactement dans la direction de la flèche du dessin ci-dessus, mais la forme des coques (asymétriques) ou les dérives par leur forme plate empêchent le bateau de déraper sur le côté.

Dès que le bateau prend appui sur l'eau, ce qui crée une force hydrodynamique opposée à la poussée vélique appelée « force anti-dérive » (voir dessin du haut page 87).

Il ne reste donc de la poussée vélique que sa composante propulsive parfaitement orientée dans l'axe du bateau qui, parce qu'elle est supérieure à la somme des résistances à l'avancement, permet de propulser le voilier vers l'avant.

Ceci explique pourquoi c'est en cherchant toujours à ouvrir au maximum votre voile que vous obtenez la meilleure vitesse.

Le dessin suivant vous montre que la composante propulsive augmente si la voile est ouverte. Bien entendu au-delà de la limite de faseyement, la poussée vélique diminue à nouveau globalement.

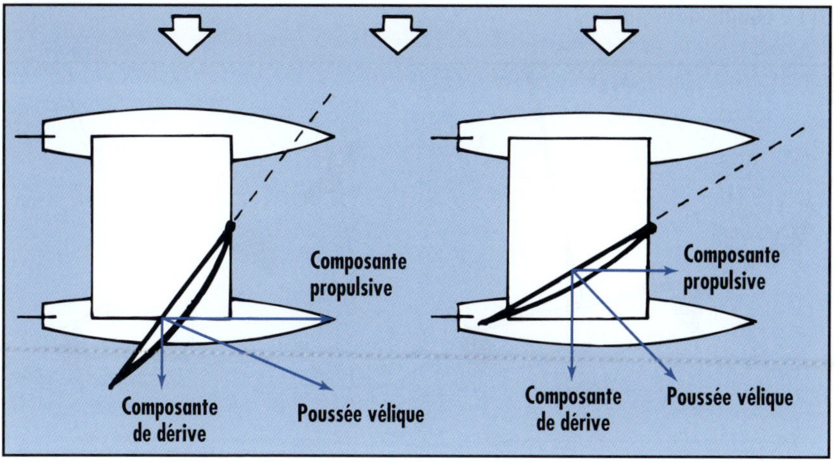

4) Que se passe-t-il lorsque le bateau gîte ?

Précisons que si la force anti-dérive annule la composante de dérive, ces deux forces ont néanmoins tendance à faire gîter votre bateau car la première s'applique sous les coques et la seconde bien au-dessus de la bôme (effet couple). L'effet, qu'occasionne cette gîte, est un déplacement de la composante de dérive.

Lorsque le flotteur au vent est dégagé de l'eau, le centre de dérive se déplace sous le vent, et à ce moment-là, le point d'application de la force de dérive se trouve décalé par rapport à la poussée vélique (voir dessin ci-contre). Le phénomène sera un facteur d'instabilité de route, chaque écart de route sera amplifié par ce couple. Le barreur doit donc, sur un flotteur, anticiper et doser l'amplitude de ces variations de route.

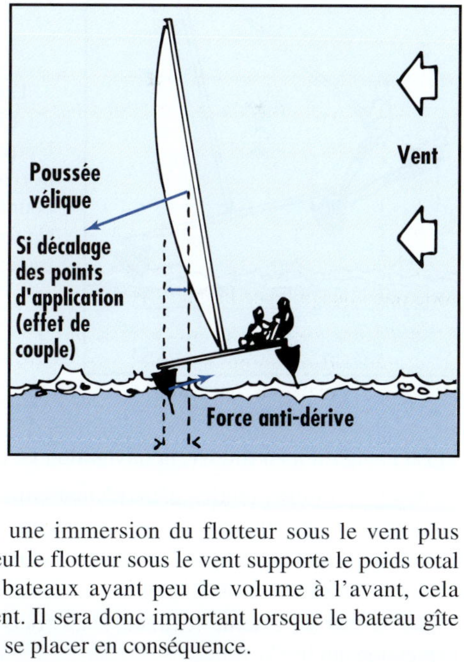

Autres phénomènes liés à la gîte, une immersion du flotteur sous le vent plus importante. De fait, à ce moment là, seul le flotteur sous le vent supporte le poids total de l'engin et de l'équipage. Sur les bateaux ayant peu de volume à l'avant, cela accentuera la tendance à l'enfournement. Il sera donc important lorsque le bateau gîte de surveiller l'étrave sous le vent et de se placer en conséquence.

5) Le couple de rappel

Le trapèze permet de maintenir votre bateau le plus à plat possible. Le couple de rappel diminue, et son efficacité aussi, avec l'augmentation de la gîte du bateau (dessin ci-dessus). Il faut donc éviter de laisser votre bateau monter trop haut et régler vos voiles en conséquence (choquer du chariot) pour avoir un couple de rappel maxi.

L'autre facteur important sur l'efficacité du couple de rappel est la hauteur de l'équipage au trapèze. Plus vous êtes horizontal par rapport à l'eau, plus votre couple de rappel est grand, donc efficace. En fonction de la force du vent, réglez votre trapèze.

6) La navigation en finesse, la navigation en poussée

Avec de faibles angles d'incidence entre la voile et le vent, les filets d'air s'écoulent sur le voile.

Sur la surface interne de la voile (intrados), les filets d'air sont accélérés, ce qui crée une dépression qui tire la voile.

Sur la surface externe (extrados), les filets d'air sont accélérés, ce qui crée une dépression qui tire la voile.

Ce type d'écoulement est appelé « écoulement laminaire ». Nous retrouvons cet écoulement du près au largue, allures qui sont elles-mêmes appelées allures de « navigation en finesse ».

(angle a : « vent apparent - plan de voilure » entre 5° et 15°).

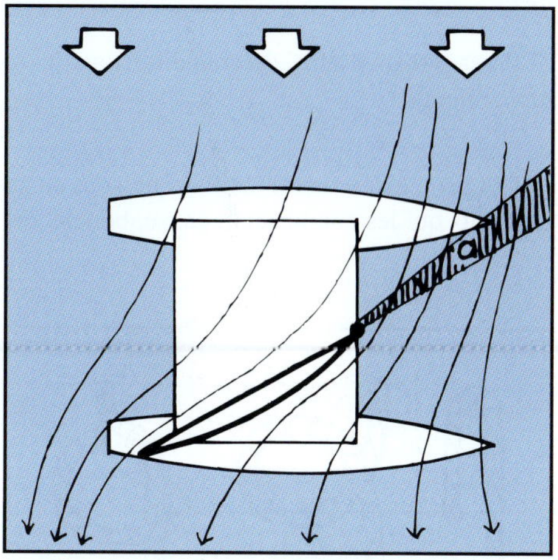

Si l'angle d'incidence devient trop grand, l'écoulement de l'air sur la surface externe devient perturbé. Nous visualisons cet effet grâce aux penons. Ce type d'écoulement est appelé « écoulement turbulent ».

(angle b : « vent apparent - plan de voilure » supérieur à 15°).

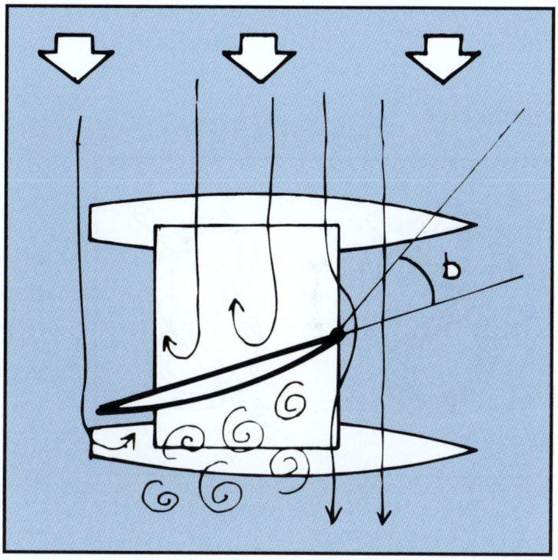

Si vous passez d'un écoulement laminaire à un écoulement turbulent, votre bateau ralentit. Pour retrouver votre vitesse, il faut que votre écoulement soit laminaire. Il faudra choquer la voile pour obtenir un angle d'incidence plus faible. Vous ne pourrez reborder qu'après l'accélération. En catamaran, les décélérations brusques vous imposeront fréquemment ce type d'intervention.

Au grand largue et vent arrière, l'angle entre le plan de voilure et la direction des filets d'air est très ouvert. Le vent vient buter contre la face interne de la voile avant de la contourner, ce qui crée de très fortes turbulences. A ces allures, nous sommes en « navigation en poussée ».

2. MATELOTAGE

Il est indispensable de connaître tous les nœuds marins et de savoir les exécuter rapidement.

Les principaux nœuds utilisés ne sont en fait que des variations sur les principaux éléments qui les composent : ganse, boucle, demi-nœud, tour mort, demi-clef.

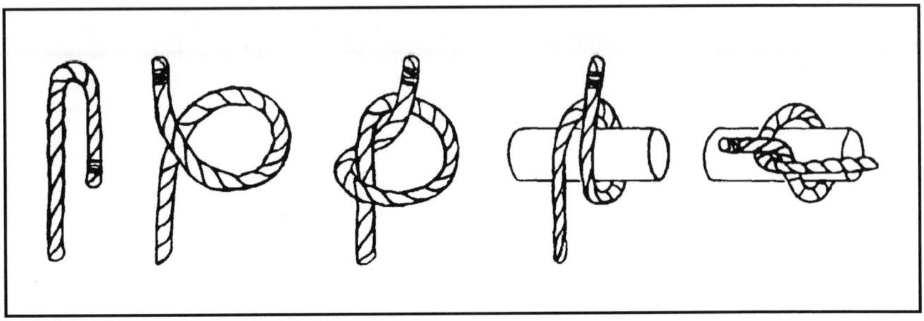

Nœud en 8

Formez une boucle, passez l'un des brins derrière l'autre et replongez dans la boucle.

Ce nœud est utilisé pour arrêter une écoute dans un filoir. Il ne glisse pas et reste assez facile à dénouer.

Nœud plat

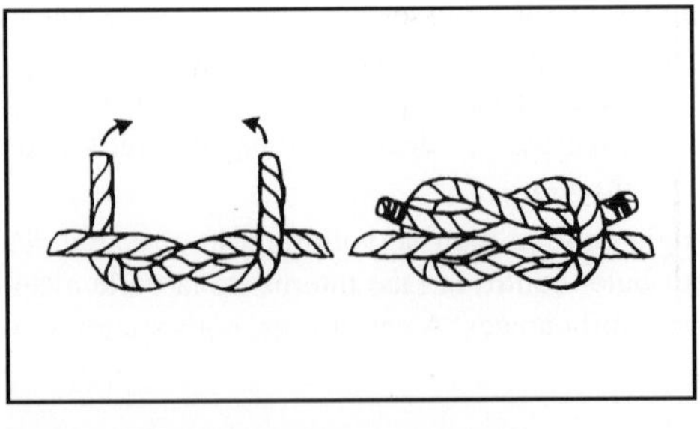

Croisez les brins deux fois de suite.

Il est utilisé pour rallonger un bout, en nouant bout à bout deux brins.

Il se serre, et par conséquent est difficile à défaire. Pour pallier cet inconvénient, on le ganse.

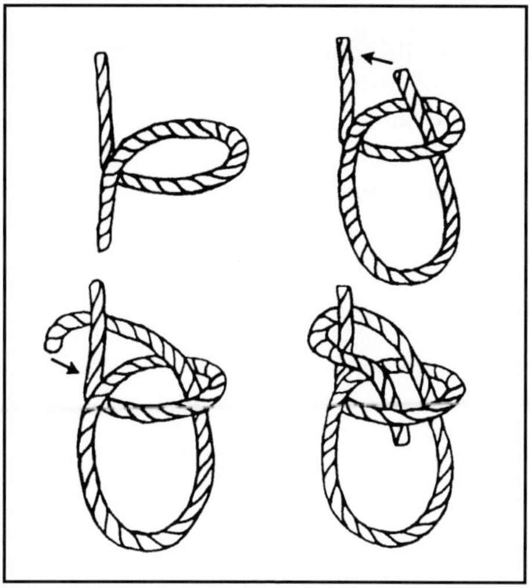

Nœud de chaise

Le grand classique : le serpent sort du puits, fait le tour de l'arbre et revient dans le puits.

Il faut savoir le faire dans toutes conditions. C'est un nœud très sûr et cependant aisé à défaire.

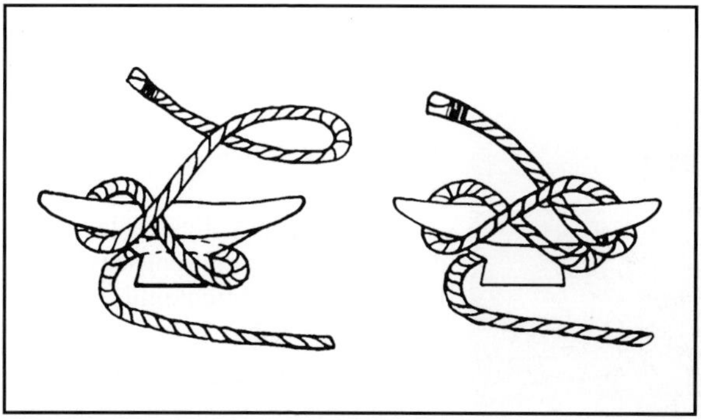

Nœud sur taquet

Pour amarrer son bateau : un tour mort, un huit et une boucle. C'est du sérieux.

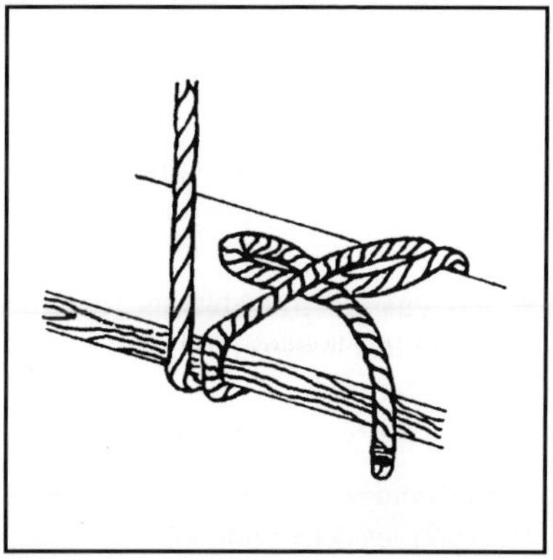

Nœud de drisse

Pour amarrer son pavillon de réclamation en régate. Et pour le larguer rapidement, on tire tout simplement… Cela fait PRO !

3. LA RÉGLEMENTATION FRANÇAISE

Les catamarans sont assimilés à des navires : ils doivent suivre les règles de barre et de route applicables aux autres voiliers (voir détail de ces règles dans le **Code Vagnon de la mer** ou dans le **Code Vagnon fluvial**).

1. Moyens de préventions pour l'équipage embarqué :

• La limite de la navigation en catamaran sur le littoral français est fixé à 2 milles nautiques d'un abri, sauf pour les catamarans équipés en 5e catégorie (5 milles d'un abri, par exemple pour les Hobies-Cat 18 armés pour la randonnée). Cette limite peut dans certains cas très particuliers d'accompagnement (compétition…) et dans certaines conditions très précises de sécurité (vedette équipée en V.H.F.…) être portée au-delà de 2 milles.

• La navigation de nuit est interdite.

• Le port de l'équipement de protection individuelle (brassière) est vivement recommandé, surtout par vent fort. Sa présence à bord est obligatoire pour chaque membre d'équipage.

• Le port ou la présence à bord d'une combinaison isothermique par équipier est vivement conseillé, y compris en été.

• Vérifiez avant chaque sortie que votre catamaran dispose bien du matériel réglementaire (sauf dérogation « École de Voile »), ancre avec orin, pagaie, bout de remorquage à poste.

2. Pour éviter de blesser un baigneur :

• Utilisez les chenaux balisés, quand ils existent, pour quitter le rivage.

• Ne faites pas d'effet de vitesse dans ces chenaux qui sont souvent très fréquentés et réglementés (vitesse limitée à 5 nœuds).

Mais n'oubliez pas que cette réglementation ne dispense pas des devoirs de prudence qu'impose « le bon sens marin ». Vous restez responsable des dommages que vous pourriez occasionner par votre maladresse, votre imprudence ou votre légèreté.

Votre autonomie et votre maîtrise technique seront vos meilleurs atouts.

3. En cas de problèmes (retour impossible, blessure…) :

• Ne quittez jamais votre catamaran,

• Effectuez les signaux de détresse (voir les deux photos).

4. L'ORGANISATION DE LA VOILE EN FRANCE

La F.F. Voile a pour vocation d'organiser et de promouvoir trois secteurs de pratique de catamaran :

• le haut niveau olympique (TORNADO),

• l'organisation de compétitions sportives pour tous les niveaux de pratique (des régates régionales, inter-régionales aux championnats de France) et la préparation à ces compétitions au service des clubs et de leurs « Écoles de sport » et « Équipe de club ».

• l'accueil, la découverte et le perfectionnement au sein de ses « Écoles Françaises de Voile ».

Ces trois secteurs d'activité fédèrent actuellement :

• 180 000 licenciés,

• 1 200 clubs,

• 32 ligues régionales et plus de 50 comités départementaux,

Vous pourrez obtenir les coordonnées des écoles françaises de catamaran pour découvrir ou vous perfectionner et des écoles de sport pour vous initier à la compétition : contactez les ligues de voile dont les coordonnées figurent sur internet, www.ffv.fr.

Par ailleurs, la F.F.Voile initialise des projets de développement locaux qu'elle labellise pour les plus qualitatifs d'entre eux, avec l'appellation « Station voile, nautisme et tourisme ».

Le réseau des stations voile françaises propose en effet des prestations de qualité répondant aux besoins de différents types de publics :

❑ Le tourisme estival, bien sûr, avec des produits « vacances » et des loisirs sportifs, alliant à votre convenance un hébergement, des activités sportives et culturelles et, bien sûr, de la navigation ;

❑ La pratique régulière d'une activité tout au long de l'année avec la voile scolaire et la voile sportive au sein des « écoles de sports » ;

❑ Des stages toute l'année, pour découvrir, se perfectionner ou pratiquer intensément la planche à voile, le fun-board, le catamaran, le dériveur ou le voilier habitable ;

❑ Des spectacles sportifs, avec l'organisation de grandes manifestations nautiques de portée régionale, nationale et internationale ;

❑ Des comités d'entreprise, des groupes de jeunes, des classes de mer avec chacun une demande spécifique ;

❑ Des entreprises qui souhaitent organiser des séminaires de travail alternant avec une activité de loisir.

L'ensemble des prestations du service proposé (hôtelier, centre de voile, autres activités sportives) participent à la politique de qualité selon un cahier des charges fixé par l'organisation France Station Voile. La raison d'une telle politique est simple : seul un label « qualité France » permettra de faire connaître à leur juste valeur les stations littorales françaises les plus performantes au sein du marché européen et mondial du loisir sportif et des vacances actives.

LEXIQUE

Abattre Changer sa trajectoire en s'écartant de la direction d'où vient le vent (Abattée).

Adonner Se dit d'un vent qui s'écarte de l'avant de votre bateau (et vous permet, si vous cherchez à « gagner au vent », de lofer au près).

Ardent Se dit d'un bateau qui a tendance à remonter au vent lorsque la barre est lâchée.

Auloffée Changement de trajectoire qui rapproche votre bateau de la direction d'où vient le vent (lofer).

Au vent et Sous le vent Lorsque vous tracez la perpendiculaire du vent passant par un point (par exemple vos deux pieds), tout ce qui est derrière vous est par convention appelé « au vent ». Tout ce qui est devant vous est appelé « sous le vent ». Un objet ou une personne est donc toujours au vent ou sous le vent par rapport à la perpendiculaire au vent d'un point de référence précis.

Border Action de fermer le plan de voile (en tirant sur l'écoute, rapprochez le point d'écoute de l'axe du bateau).

Choquer Action d'ouvrir le plan de voilure (en lâchant de l'écoute).

Creux Volume de la voile.

Cunningham Palan qui permet de régler, ajuster le positionnement du creux de la voile et la tension de la chute (prendre du cunningham avance le creux et détend la chute).

Décrochage Phénomène aéro - (ou hydro -) dynamique qui se produit en cas de mauvais réglage de la voile (trop bordé) ce qui rompt l'écoulement régulier du fluide sur cette surface ; il en résulte une brusque diminution de la pression du fluide expliquant la perte de vitesse du bateau.

Dériver Se dit d'un bateau qui est poussé par le vent dans la direction opposée à celle d'où il vient. Cette dérive est maximum lorsque vous êtes arrêté, voile faseyante, en travers du vent. Elle existe aussi, mais dans une moindre mesure, lorsque vous cherchez à remonter au près vers le vent, y compris avec un bateau équipé d'une « dérive » (qui justement a pour but d'empêcher cette dérive sur l'eau).

Étarquer Tendre une voile, ce qui suppose une extrémité fixée (non élastique) et un moyen de tension (par exemple « bout » et taquet-coinceur pour maintenir la tension).

Faseyer	(Ou faseiller). Une voile faseye lorsque recevant le vent sur une trop faible incidence, elle ne reste pas parfaitement pleine et se met à battre.
Flot	Marée montante.
Fraîchir (Forcir)	Se dit du vent qui augmente d'intensité.
Gagner au vent (Remonter au vent)	Se dit d'un catamaran qui réussit à progresser vers la direction du vent en naviguant « au-dessus » (au vent) de la perpendiculaire au vent de son point de départ (faire du près, louvoyer).
Gïter	Vous faites gîter votre bateau lorsque la coque au vent se soulève et/ou que la coque sous le vent s'enfonce (l'inverse s'appelle « contre gîte »).
Grain	Vent violent qui s'élève brusquement - généralement de peu de durée - souvent accompagné de pluie.
Gréer	Montez l'ensemble voile sur mât et écoutes sur voile et bateau.
Jusant	Marée descendante.
Laise	(Ou laize) Panneaux de tissus qui constituent la voile.
Lofer	Voir auloffée.
Louvoyer	Tirez des bords en navigant au près alternativement tribord et bâbord amures pour se rapprocher d'un point qui est au vent.
Mille	Le mille marin vaut 1 852 mètres. Il correspond exactement à la longueur d'une minute de degré du méridien terrestre.
Nœud	Unité de vitesse. Un nœud correspond à un mille marin à l'heure.
Mou	Se dit d'un bateau qui a tendance à s'éloigner du vent lorsque la barre est lâchée.
Refuser	Se dit d'un vent qui se rapproche de l'avant de votre bateau (et vous oblige à abattre au près ou à border votre voile aux autres allures, si vous souhaitez conserver la même direction).
Serrer le vent	Naviguez au plus près.
Tomber	Le vent tombe, la mer tombe, quand le vent diminue d'intensité et les vagues de force. Tomber sous le vent, c'est s'éloigner de l'origine du vent.
Vrillage	Torsion que l'on donne à la voile en lâchant de l'écoute. Angle d'incidence des profils de la voile par rapport à la bôme.

RÉSULTATS DES TESTS DE CONNAISSANCE

TEST « DESCRIPTION DU CATAMARAN » page 18

Questions	1	2	3	4	5	6	7	8	9	10
Réponses	b	b	b	c	a	a	c	faux	vrai	vrai

TEST DE 1er NIVEAU D'AUTONOMIE page 45

Questions	1	2	3	4	5	6	7	8	9	10
Réponses	faux	faux	faux	b	a	a	c	vrai	faux	faux

TEST DE NIVEAU C1 page 76

Questions	Réponses
1	faux
2	vrai
3	vrai
4	vrai
5	faux
6	faux
7	faux

Questions	Réponses
8	faux
9	vrai
10	faux
11	c
12	c
13	d
14	a

Code Vagnon Voile n° 3 Catamaran - 3e édition
Imprimé en France
Dépôt légal : juin 2002 N° 5530
ISBN N° 2-85725-339-7